수험생
자녀 관리

수험생 자녀 관리

지은이 황송주

가림출판사

대학 가는 길, 정말 험난한가?

대입수능고사가 치러지는 당일, 듣기 평가가 실시되는 동안 모든 비행기의 이착륙이 금지되는 나라, 대한민국의 어머니들은 자녀의 대학 입시가 확정되는 순간 가정으로부터 특별 휴가를 받는다. 자녀의 운전사 노릇, 보건복지부장관, 농수산부장관을 거의 혼자 도맡다시피 하던 중대 임무를 마치는 그 순간, 어머니는 이제는 그동안 못해 본 휴식, 운동, 레저 등 특별 휴가를 누리게 된다.

입시현장에서 수년간 활동해 오면서 정작 자녀의 대학입시 설명회가 열리는 행사장 안에 들어가 있는 인원보다 밖에서 대기하는 학부모가 더 많은 현실을 지켜볼 수 있었다. 그때마다 필자는 대한민국의 미래를 짊어질 젊은 학도들과 그들의 학부

모를 위한 '입시궁금증해결 백서'를 하나 만들어야겠다고 생각
해 왔다. 하지만 집필에 있어서는 선뜻 시간도, 용기도 나지 않
아 차일피일 미루던 일이 되고 말았다.

그러나 최근의 입시상황을 보면 더 이상 지체할 수 없다는 생
각이 든다. 각 대학별로 입시요강은 천차만별인데다, 입시제도
또한 수시모집과 정시모집의 길이 따로 포장되어 있고, 2008학
년도부터는 통합논술이라는 새로운 무기가 등장하는 등, 그야
말로 격변하는 소용돌이 속에 우리의 아이들과 학부모들이 위
치해 있음을 외면할 수 없는 것이다. 그래서 과감히 용기를 내
었다.

이 책에는 서울 강남의 입시 전선에서 15년 이상 직접 강의하

면서 학생들과 함께 호흡하고, 고민하고, 호통치고, 어루만져 주고 격려하며 일궈낸 귀중한 자료들과 전문적 노하우(know-how)를 생생하고도 현실감 있게 모아 두었다. 이 책을 통해 많은 사람들이 '입시'라는 관문에서 시행착오를 하지 않게 하여 개인적으로나, 사회적으로나 바른 인생길을 가기 위한 교통비 절감의 방안이 되었으면 하는 것이 작은 바람이다.

대학입시는 마라톤에 종종 비유되기도 한다. 곧, 단숨에 결승점에 도달해서 마무리가 되는 것이 아니라 오랫동안 자기와의 싸움을 견뎌내야 하는 지구력이 필요한 마라톤과 같다는 뜻이다. 이때 지구전을 이끌어 갈 수 있는 체력이 필요한데, 이때문에 수험생에게 건강이 절대 필수조건이 된다.

수험생의 건강관리에 도움을 주고자 현재 원광대학교 한의학과 외래교수인 문상돈 박사의 수험생을 위한 특별 건강칼럼을 함께 제공한다(Part6). 수험생들과 학부모들이 함께 잘 숙독하여 중간 낙오없이 결승점까지 완주하는 데 도움이 되기를 바란다.

이 책이 세상에 나오기까지 애써 주신 가림출판사에 감사하며, 아울러 우리 집 마님 최미영 씨, 그리고 양재동 구룡사 편집실의 권민희, 신위현 기자의 정성스런 도움에 다시 한 번 감사드리는 바이다.

이 책의 인연으로 수험생과 학부모 모두가 청운(靑雲)의 꿈을 안고 달려간 그날의 하늘에 예쁜 무지개가 드리워지기를 기도한다.

황송주

C O N T E N T S

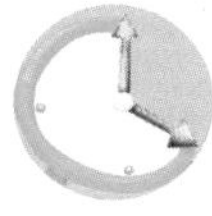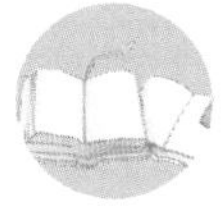

Part 1

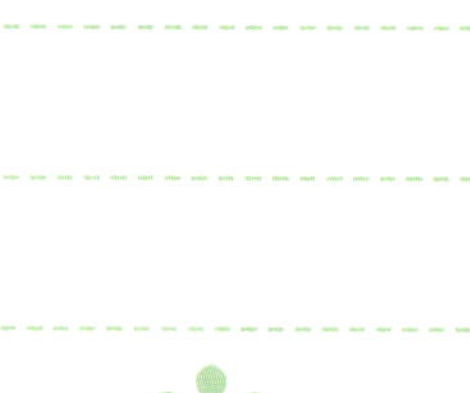

수험생의 1년
시기별 학습방법

진로 문제는 늦어도 중 3 때 결정해야

자녀들을 키우고 가르치다 보면 '우리 애는 공부로 승부할 타입이 아닌 것 같아. 싹수가 노오~~래' 하며 스스로 비관하는 부모들을 자주 목격한다. 그 말 속에는 참으로 가슴 아픈 아쉬움이 들어 있다.

그러나 그런 비관 시점이 고등학교에 들어 간 상태에서는 다소 늦을 수도 있다. 뾰족한 대안 없이 남들 하는 방식대로 학교 내신이나 잘 관리하고 수능을 치르면 4년제 대학 어디라도 들어가는 것이고 여의치 못하면 그냥 재수 내지 다른 길을 택하게 된다. 중 3 후반 시점이면 고등학교 진학문제를 장래 진로와 연관지어 결정하는 맨 처음 단계가 된다. 실제로는 대학 진학에 있어 '수능 + 내신'이란 일반 도로(Road)가 아닌 다른 길들이 무수히 많다.

필자의 경우, 막내아들이 중 2 때 학습 의욕이 다소 떨어져 걱정했지만 신체적 조건이 운동선수에 적합한 180cm의 우람한 체격을 가졌기에 가족회의를 통해 곧 바로 아이가 좋아하는 골프 종목을 선택하였다.

처음에는 그 분야에 들어가서 아주 험난하고 어려운 과정을 겪으며 숨이 막힐 정도라며 푸념하기도 하고 '다시 공부할까?' 하고 방황했었다. 때로는 골프 연습장 간다고 하고서는 다른 데서 하루 종일 놀다가(아이들 말로 '땡땡이 친다') 발각되어 매우 혼을 낸 적도 있었다. 그러나 차츰 시간이 지나면서 그것이 나의 살길이라는 자각을 하게 되고 지금은 골프 배우기에 집중하며 잘 적응하고 있다.

본원의 한 학생은 중 3 때 이성교제에 깊이 빠져 학교 성적은 당연히 추락하고 부모와 사이가 아주 나빠져서 결국 가출이란 방법으로 자신의 의사표시(항의 표시)를 하게 된 경우도 있다.

처음 2~3일간은 부모가 매우 격분한 상태에 빠져 있다. 하지만 가출 학생들은 가출 1일째, 2일째, 3일째 되는 날쯤의 자신들 부모의 심경 변화를 훤히 꿰뚫고 있다. 처음 몇 일간은 부모가 흥분과 격분 상태로 있다가 4~5일째에는 자식의 생사문제가 은근히 걱정되어 온갖 방법으로 수소문하게 된다. 평소 잘 다니던 PC방이나 노래방, 친구네 집 등에 잠복근무(?)를 한다. 시간이 지나 드디어 일주일째 되면 부모 마음이 누그러지기 시작한다. 집 나간 자녀의 친구를 통해, 혹은 휴대폰을 통해 문자 메시지로 "이제 돌아오면 너랑 진지하게 장래 문제를 이야기해 보자. 네가 원하는 것을 부모가 들어 주마……." 하며 타협적이 된다. 그래서 가출 학생은 가출 후 일주일 동안은 다른 특별한 대외적인 요인이 없는 한 잘 안 들어온다. 들어오면 시쳇말로 '맞아 죽는다' 나?

　일주일 되는 시점 전후에 가출 학생이 집으로 돌아오는 경우가 대부분의 수순이라고 생각하면 된다. 이런 학생이 다시 집으로 돌아 왔을 때 따뜻하게 사랑으로 맞이하고 그동안 있었던 대화의 벽을 깨고 부모 자식간에 장래 진로 문제를 상의해야 한다.

　혹시나 공부, 학습 방면이 아니라는 판단이 서면 전문가와 빨리 상의하여 다른 진로의 길을 모색해 주어야 한다. 스포츠 분야(기초 체력, 축구, 농구, 테니스 등 구기 종목과 개인 스포츠인 골프, 수영 등)와 애니메이션 분야, 만화나 컴퓨터 그래픽 분야, 미술, 음악 등 길이 매우 많다. 다만 여기서 부모가 알아야 할 점이라면, 그런 분야로 돌린다 해서 학교 공부를 팽개쳐도 된다고 생각하면 오산이다. 대학의 길은 수능성적이나 학교 내신을 부분적으로 요구하고 있기 때문이다. 그래서 일반 학생들보다 더 많은 시간을 쪼개서 노력을 해야만 성공한다.

　학교생활 때의 성적 순위가 사회생활 할 때의 그것과 동일하지 않음을 부모들이 더 잘 알고 있지 않는가?

　보수적인 가정일수록 '성적 = 적성' 이라고 고집하며 자녀의 적성을 무시하고 좋은 성적으로 법대나 의대에 보내려는 입장을 갖고 있지만, 그것은 지양한다.

긴 겨울 터널 지나면 확 트인 평야만 보여

    매년 치러지는 수능고사는 몇 개 영역에서 난이도 문제로 많은 수험생들이 울고 웃는 장면이 연출된다. 출제 당국은 늘 차기 연도의 입시에도 지난해의 틀을 크게 벗어나지 않고 오히려 난이도를 높여서 변별력을 더욱더 강화한다고 밝힌다. 그러나 수험생들은 정작 그 말들을 믿지 않는다. 해마다 어떤 과목이든 최소 한 과목 이상에서 난이도 문제가 그야말로 '문제'가 되어 로또 수능이란 불만의 소리가 터져 나온다. 그러나 이런 모든 상황을 어떻게든 잘 극복하고 슬기롭게 대처하느냐는 것도 전술의 한 방법일 것이다.

    긴 겨울방학은 고 3 수험생들에게 매우 중요한 시기적 의미를 가진다. 고 3에 올라가서 3월 첫 모의고사를 보게 되는데 그 때의 성적이 수능 막판과 상관 계수가 거의 90%에 이른다. 약 10%만이 초반과 막판에 변화가 생길 수 있다고 하니 얼마나 무서운 일인가!

    3월 첫 모의고사는 지나간 겨울방학의 성과물이다. 두 달여 간의 방학을 정말 인생의 중요한 전환점이라 여기고 깊이 학습해야 한다.

　이런 상황을 감안하여 겨울방학 기간의 합리적인 학습 전략을 몇 가지 소개한다.

⬡ 수학, 영어에 중점을 두자

　수시모집은 어디까지나 덤으로 생각해야지, 수시를 위한 내신에 지나치게 매달리는 것은 극히 위험한 행동이다. 고 3생은 고 1 · 2 때와 달리 내신보다도 수능고사나 논술고사에 비중을 두고 학습해야 하는데 대부분의 수험생들에게 있어서 겨울방학은 매우 중요한 분기점이 되니 각별히 시간 관리를 잘해야 한다.

　모든 과목중 변별력이 가장 큰 과목은 단연 수학이라고 할 수 있겠고 수 I · II를 먼저 들여다보는 것보다 공통수학(10-가, 나)을 깊게 학습할 시점이다. 특히 도형단원과 부등식, 함수는 수 I · II의 다른 단원들과 융합하여 출제되기 때문에 심도있게 학습한다. 사실 수능고사 때 만점자와 1~2개 틀린 수험생들 간의 차이가 바로 공통수학 기본을 갖춘 경우와 그렇지 않는 경우로 대분되었다. 수 I · II는 2월경부터 집중해도 충분하다.

　영어는 단순독해에서 문법과 어휘, 숙어가 몇 문제씩 등장하는데 총 4~5 문제가 그렇다. 대부분 학생들이 이 부분을 어려워한다. 독해는 당연히 가장 많은 시간을 할애

해야 하며, 겨울방학 중에는 문법, 특히 동사 구문과 어휘, 숙어 등을 암기 형식으로 습득하여야 한다.

독해는 시중 문제집을 풀어 보는 방법도 있으나 상위권의 경우는 월간 영자 잡지를 구입하여 독해공부를 하는 것도 좋다. 사실 이런 잡지에서 상당히 많은 지문들이 인용되기 때문이다.

⊙ 몸을 바쁘게 굴리자

겨울방학 기간은 자기가 배운 것을 복습하는 기간으로 간주하기보다는 지식습득 시점으로 설정하고 이것 저것 자기가 필요한 과목을 중심으로 선생님으로부터 도움을 받는 것이 유리하다.

그렇게 하면서 2개월 후쯤 지나 3월 개학하면 일부 과목은 겨울 기간 배워 뒀던 부분을 되새김하며 자기 학습시간을 가지면 되기 때문이다.

물론 수험생 본인이 방학 스케줄을 짜는 것도 좋겠으나 학부모가 함께 직접 시간표를 짜서 짜임새 있게 학습 도움을 받도록 시간 관리를 해주는 것이 좋다. 요즘 고3 학생들을 20년 전의 수험생들과 비교해 본다면 '스스로 학습하기'보다는 건네주는 것을 잘 받아먹는, 어쩌면 소극적 자세의 수험생이 많은 편이다. 이들 학생들이 성적관리를 위해 자기 몸을 열심히 굴리고 많은 내용을 습득하는 가장 적절한 단계와 시기가 겨울방학이라고 생각하는 것이 좋겠다.

각 대학별로 모집 요강이 천차만별인 요즘의 대입전형 실정에서 볼 때, 이 부분은 매우 중요하다. 이과생의 경우 의과대학을 목표로 한다면 대부분의 경우 과학탐구에서 화학을 선택하는 것이 좋고, '3+1' 인지 '2+1' 시스템인지 대학 요강을 빨리 훑어보는 것이 작전 계획상 유리하다. 버릴 과목은 빨리 포기하고 채택할 과목은 집중적으로 해야 한다.

목표대학을 하나만 잡지 말고 복수 지원인 만큼 3개 정도로 잡아 놓되, 요구하는 과목이 비슷한 대학끼리 결합하여 목표를 설정하는 것이 좋겠다. 2008학년도부터는 수능고사가 자격고사화 되고 내신과 통합논술 위주로 선발하기 때문에 재수는 불리해질 수밖에 없다. 눈 내리는 겨울의 낭만 속에서 연말연시 분위기에 함께 휩쓸리다 보면 겨울방학은 금방 봄을 향해 달려가 버린다. 준비된 수험생, 그것이야말로 성공의 지름길이다.

3월·9월 신학기 때 좋은 학습방법

　　최소 한 두 달 이상의 단체 생활의 공백이 있은 이후에, 다시 정상적인 학교생활을 하게 되면서 학생에 따라 학습능률이 올라가기도 하고 떨어지기도 한다. 평소 조용히 혼자 학습하는 데 익숙한 경우 개학과 동시에 한동안 분위기 적응에 어려움을 겪어 학습능률이 떨어질 수밖에 없다. 그래서 학교에 가서 잠을 자다 선생님으로부터 혼나기도 하고, 밤낮 생활이 뒤바뀌는 경우도 있다.

　신학기 개학 일주일 전부터 새학기 분위기 적응훈련을 하라고 권유하고 싶다. 어떤 학생은 개학 후 2주 이상 만성피로 상태에 빠져, 방과 후 저녁도 안 먹고 잠만 자는 학생이 있다. 당연히 성적이 떨어질 수밖에 없다.

이때는 학년도 바뀌어 새 친구, 새 담임, 새 교재 등 모두 새로운 분위기에 젖어 있다. 학생들은 모두 긴장해 있고 학습량도 많아지는 때이다. 지난 겨울방학 동안에 학습한 결과가 서서히 나타날 때이기 때문에 더욱더 긴장하는 학생이 많아진다. 이것은 3월부터 열심히 공부해 보겠다는 자세를 가진 학생들에게 더 심하게 일어나는 현상인데, 그때는 이미 다른 학생들에 비해 뒤쳐져 있다고 봐야 한다.

3월의 첫 모의고사는 마지막 고 3 수능고사와 상관관계가 매우 높기 때문에, 이미 3월의 성적은 마지막 성적을 예고하는 기능을 갖고 있다고 해도 과언이 아니다. 그러나 3월부터 분명 새마음으로 공부를 해야 한다. 이때 주요과목(영어, 수학)을 위주로 학습하되 전체 시간의 반을 넘기지 않는 것이 좋다. 예를 들어 학생이 자율적으로 학습할 수 있는 시간이 6시간 정도라면, 주요과목은 3시간 범위 이내에서 해주는 것이 좋다.

교육학자들은 집중형 학습법보다는 분산형 학습법을 권유한다. 어떤 학생은 하루 6시간을 죄다 영어과목만 그것도 며칠 동안 하다가 그 이후 또 며칠은 국사만 공부하는 학생이 있다. 이와 같은 학습법은 소탐대실(小貪大失)의 결과를 초래한다. 효과적인 학습방법은 하루 6시간중 수학 2시간, 영어 1시간, 그리고 언어와 사회탐구 또는 과학탐구를 각 1시간 반씩 적절히 배분하여 일일 시간 관리하는 것이 도움이 된다.

4월이 되면 계절적으로 노곤해지고 학습능률이 3월에 비해 떨어질 수 있음을 어느 정도 감안하여 신학기인 3월에 좀 더 많은 진도를 나가도록 관리해야 한다. 각 과목별로 문제풀이 유형은 아직 시기상조다. 가끔 수학 시간에 영어책 펴고 언어 영역을 공부하는 학생이 있다. 자신감이 결여된 학생의 태도이다. 아직은 시간이 제법 많이 남아 있기 때문에 정신적, 시간적 여유를 갖고 소신껏 과목별로 정리를 해 나가야 한다. 옆의 학생이 수학책 펼치고 미적분을 푼다고 해서 자기도 덩달아 그 과목을 계획도 없이 펼쳐서 학습하는 것은 바람직하지 않다.

결론적으로 3월은 소신을 갖고 꿋꿋이 자기 학습방법대로 밀고 나가길 바란다. 다만 시간 관리를 철저히 하여 시간 누수를 줄이는 것이 옳은 방법이다.

⬡ 9월 신학기

9월 신학기는 수능 2~3개월을 앞둔 시점이라 많은 학생들이 지쳐 있는 상태이고, 학생들 간에 성적 우열이 극도로 표출되는 때이다. 간혹 동료학생들의 학습을 고의적으로 방해하는 경우도 있는데, 이런 외부환경에 영향 받지 않고 자기 나름대로의 계획을 실행해야 하는 때이다.

2학기 수시모집과 수능원서 접수 시점이 바로 이때인데, 학생들은 초긴장 상태로 진입한다. 학습능률은 당연히 떨어지고 평소 잘 풀리던 문제도 오히려 잘 안 풀려 슬럼프(Slump)에 빠지기도 한다. 그러나 이때의 하루는 3월의 열흘과 맞먹는 효과를 갖고 있기 때문에 건강관리에도 특히 신경 써야 한다.

수험생 중 학교생활이 수능공부에 방해가 된다 하여 이런저런 건강평계를 들어 학교 등교를 거르는 예가 있는데, 이는 위험천만한 발상이다. 출결관리가 내신 성적으로 반영되는 것은 물론 학습의 연속성이 중지되어 슬럼프 현상으로 이어진다. 집에서 자기 학습할 시간이 10시간이 넘는다고 좋아하고 만족하다가 며칠 못 가서 지쳐 버린다.

수학은 문제풀이 위주로 해나가되, 단원별로 부족한 부분을 보충해 나가도록 한다. 지나치게 자기 수준에 맞지 않는 어려운 문제는 피하도록 하고 아울러 최근 3년간 전국모의고사 기출 문제를 풀어보는 시점이다. 아울러 EBS 교육방송 문제풀이집을 적극 참고하는 것도 수능성적에 도움이 된다.

영어는 독해 위주로 하되, 속독법을 권하고 싶다. 지문이 해마다 길어지고, 지문 속의 단어 수가 증가하고 있기 때문에, 빠른 독해력이 영어 성적향상에 도움을 주므로 평소 나무가 아닌 숲을 보는 지혜도 길러두어야 한다.

언어와 사회탐구 및 과학탐구는 총시간의 반 이상에 투자하고 암기해야 할 부분은 따로 메모해 두어 잊어버리지 않도록 주기적으로 다시 복습을 해야 한다.

아울러 시사성의 문제가 출제되는 일부 과목에 대해서 전문가의 조력을 받는 것도 효율적인 학습 요령이다. 그 해에 사회적으로 이슈화된 큰 문제, 예를 들면 월드컵과 관련한 리그전과 토너먼트 전의 경기 방법 수, 생명공학이 가져다 주는 인간윤리성 박탈, 환경오염과 그 대책 등은 대표적인 시사성을 띤 문제라고 할 수 있는데, 그때그때 나타나는 큼지막한 사건들에 대해 6하 원칙에 의거, 기록을 따로 해두는 것이 좋다. 이는 수능고사보다도 면접 구술고사에 더 많이 영향력을 미친다.

신학기에는 학생들 간의 성적재편 현상이 이루어지는 시점이다. 전년도에 상위권을 유지하던 학생들이 하위권, 중·하위권으로 추락하기도 한다. 그런 역전 현상도 심심찮게 일어나는 때가 신학기다. 가장 좋은 결과를 가져다주는 성적은 기복이 없이 완만한 상승 곡선을 그리는 경우인데, 3월 성적과 10월 성적의 편차가 5% 이내(석차)인 경우이다.

늦봄·초여름

새학기가 시작된 지 벌써 두 달이 지나가며 대입수능이 6개월 앞으로 다가왔다. 총 8과목 내외를 학습할 쪽수 기준으로 집계하면 3,000쪽 분량이며 이를 180일로 나눠보면 하루에 약 20쪽을 읽어도 겨우 한번밖에 회독(回讀)할 기회가 없다는 계산이 나온다. 매우 긴장해야 할 이 시점에 계절적 나른함, 지속적인 긴장상태에 따른 일시적 해이함으로 학습태도가 무너질 시점이기에 이때쯤 효율적으로 학습관리를 할 수 있는 방안을 소개한다.

⬡ 학교 내신에 너무 매달리지 말자

2008학년도 이후의 입시대상 학생들은 학교 내신이 절대적으로 당락의 기준으로 설정되어 그야말로 배수진을 치고 학습해야 하지만, 그 이전 수험생들은 내신보다는 수능에 치중해야 한다. 더욱이 고3 시점에서 내신이 한 등급 하향할 때 수능점수는 거의 영점 몇 점에 견줄 정도의 점수와 같기 때문에 내신에 너무 얽매이다 보면 수능 프로그램에 차질을 줄 수 있다.

도구 과목, 즉 언어, 수학, 영어는 그간 단원공부 위주로 뼈와 살을 붙이는 작업을 해왔을 것이다. 이제는 그간 복습했던 여러 단원들을 매일 매일 학습(문제풀이)하며 단원간 균형감각을 갖도록 한다. 특정단원을 지속적으로 하다 보면 그 이전에 배웠던 단원들을 잊어버리는 경우가 종종 있다.

언어는 문제집을 구입해서 풀되, 신문 사설이나 간단한 에세이집을 수시로 읽어보는 습관을 들이는 것이 좋다. 독해 능력을 길러 주기 때문이며 최근 언어의 출제 경향이 나무보다는 숲을 보는 능력을 평가하기 때문이다.

수학은 여러 과목들 중 가장 중요한데, 아직은 단원별로 학습하는 시스템이 더 효율적이며 융합형 문제풀이를 조금씩 병행해도 된다. 특히 공통수학은 수능단원에 미출제 분야라고 생각하고 학습하지 않는 것은 참으로 어리석은 일이다. 꼭 공부해 두어야만 한다. 최근 수능문제 30문항 중 10문제 정도가 표면적으로만 수학 Ⅰ·Ⅱ이지 실제로는 공통수학(10-가, 나) 문제에 가깝기 때문에 이 부분이

취약한 학생들은 절대 좋은 성적을 낼 수가 없다. 공통수학의 중요 단원(원과 직선, 영역, 부등식의 슈바르츠식 활용, 주기함수, 삼각함수의 공식과 활용, 부분집합의 계산 공식 등)을 학습하는 것이 좋다.

영어는 매일 독해도 하며, 단어 공부를 병행하자. 단어나 숙어 같은 암기형 문제가 아주 제한적으로 몇 문항이 소소히 나오고 있다. 토플 문제 유형으로 종래 100% 독해에서 경향이 일부 전환되고 있음을 시사한다.

⊙ 사탐, 과탐은 이제 시작해야 한다

인문계, 자연계별로 사탐과 과탐을 선택하며 오히려 배점 비중이 늘어나 이 부분을 더 이상 미루지 말고 본격적으로 학습해야 할 시점이다. 하루 8시간 개인적 학습을 한다고 보면 그 중 4시간을 이 영역에 투자하자. 물론 시사성 있는 문제를 눈여겨 봐 둘 필요가 있다. 해마다 그 해 사회적 이슈화가 된 문제들이 총 4~5문항씩 출제되고 있다.

쓰나미 해일의 원리, 지진과 지각활동에 대한 원리, 독도의 역사적 문제, 유엔(UN) 안보리 상임이사국의 자격과 기구문제, 환경보전 차원의 BOD, COD 계산법, 북핵개발, 미사일 실험 등은 눈여겨 본다. 아울러 과목간 통합형 문제가 늘 변별력의 핵심사항으로 제시되기 때문에 특정단원에 국한된 문제풀이보다는 여러 단원 내지 여러 과목에 연계한 학습을 하는 것이 좋다. 예를 들어 다산 정약용의 실학사상이 빛을 발한 때, 인근 중국이나 유럽의 역사적 사건은 무엇이 있었는지 등을 연관지어 학습하라는 의미이다.

　이제 남은 6개월을 흐트러짐 없이 잘 보내야 목표로 하는 좋은 결과를 얻을 수 있다. 계절적으로 나른함, 노곤함을 잘 극복하며 건강관리를 잘 하는 것도 중반전 시점에서의 관리 비결 중 하나이다.

7월의 하루는 3월의 일주일과 맞먹어

어느 계절보다도 여름철이 수험생들에게 가장 지루한 시기임에는 틀림없다. 긴장된 수험 시즌을 4~5개월 이상 유지한 상태이고, 날씨상황이 신체적 조건을 흐트러지게 하기 때문에 그만큼 집중력도 떨어져 있다. 이 시점은 롱런(Long run)할 수 있는 자와 중도 탈락자의 구별이 이루어지는 때라고 보면 된다.

기말고사가 막 끝나고 곧바로 수능채비를 해야 하는데 또한 이 시점에 경우에 따라서는 2학기 수시모집 대비를 조금씩 시작해야 하니 수험생들은 갈피를 잡지 못하고 우왕좌왕 하며 하루 이틀을 보내게 된다.

어영부영 지나다 보면 나중에 그런 날들이 참으로 중요했음을 알게 된다. 7월의 하루는 학습효과 면에서 3월의 일주일과 맞먹는 효과를 주며 특히 사탐과 과탐 과목은 더욱더 그렇다. 고삐를 더 죄어야 함에도 불구하고 대부분은 오히려 느슨해져 버리니, 슬기로운 학생이라면 '기회는 이때다!' 하며 더 많이 달리고, 더 깊이 땅을 팔 것이다.

4개월 앞둔 시점에서 효율적으로 학습할 수 있는 몇 가지 방법을 제시한다.

⬡ 암기과목의 비중을 서서히 높이자

수학, 영어의 중요성은 두말 할 필요가 없다. 이런 도구 과목은 항상 매일 하루 2시간 이상 학습해야 한다. 그러나 이제는 암기과목이나 상대적으로 비중이 낮은 과목을 신경써야 한다. 고 3 재학생들이 재수생에 비해 상대적 열세에 놓이는 과목이 바로 사회탐구와 과학탐구이다. 기본 교재를 두고 문제풀이집을 병행한다.

사탐은 최근 시사문제를 나름대로 정리해 나간다. 과목간 연계된 문제를 의식하며 학습한다. 수능이 100% 이해력 평가만 하는 고사가 아니기 때문에 어느 정도 '암기'를 해야만 다음 단계의 이해를 북돋워 줄 수 있다. 암기할 것은 그렇게 해야 한다.

⬡ 2학기 수시모집 입학을 조금씩 준비하자

해마다 180여개의 대학에서 총정원의 45% 내외를 2학기 수시모집으로 뽑는데 7~8월에 원서접수를 한다. 물론 재수생에게 돌아가는 몫은 아주 미미하다. 재학생이 최근 몇 년 동안 수능고사 난이도에 기인하여 재수생보다 불리함을 교육 당국도 인정, 재학생을 구제한다는 차원에서 재학생에게 우선 문호를 열어 놓은 대학이 거의 대부분이다.

2학기 수시모집에 노크하려면 대학별 고사(논술고사나 심층면접 혹은 적성검사)를 별도 준비해야 하는데, 전년도 그 대학에서의 수시 기출문제를 꼭 파악하도록 한다. 수시모집에 지원한 수험생이 일단 합격하면 반드시 등록을 해야 한다는 점을 유의해야 한다. 학생부 성적으로 모집 정원의 2~3배수를 선발한 다음, 2단계에서 대학별 고사를 통해 최종 면접하는 대학이 많다. 따라서 2학기 수시 면접에는 3학년 1학기까지의 학생부 성적이 좋아야 한다.

⊙ 마음의 긴장도를 늦추지 말자

학교나 재수생 종합 학원에서도 해마다 7월이면 여름방학을 맞게 된다. 고 3에게는 '방학'의 개념이 아니다. 그런데도 기말고사를 막 끝낸 시점이라 그런지 시험 후의 해방 분위기에 젖어 이 귀중한 시간의 의미를 망각하는 행동을 자주 목격한다. 마치 모든 시험이 끝난 양, 영화 보러가고 만화책을 무더기로 빌려오고 심지어는 바캉스 여행을 간다고 너스레를 떠는 학생이 있다. 이들에게 무슨 새벽이 열리겠는가?

앞서 말했듯이 계절적으로 힘들 때지만 이때 긴장을 풀게 되면 슬럼프 현상이 오게 되어 회복하는 시간이 늦어져 버린다. 한 고 3

생은 평소 전교 10위 이내에 들었으나 건강이 따라 주지 못해 여름이 되면서 성적이 하향 곡선을 그리더니 결국에는 40등으로 밀린 사례가 있다.

2학기에 돌입하면 수면 시간도 1학기에 비해 1시간 정도 줄여야 하는데 체력적으로 버틸 만한 신체적 조건이 뒷받침되어 주지 못하면 시일이 흐를수록 다른 학생들에 비해 뒤쳐질 수 있다. 물론 부모들은 잠만 자는 자녀를 보며 속이 부글부글 할 수도 있겠지만 체력이 안 따라주면 어쩌겠는가!

평소 체력 관리의 몫은 수험생 자신과 부모의 공동 몫이라 봐야 한다. 근래에 강남구 양재동의 한 여학교에서 전교 최상위 권에 있던 한 학생이 부모의 과중한 기대에 못 미친 모의고사 성적으로 스스로 목숨을 끊은 사례가 있다. 7월은 모두가 축 늘어지고 심리적으로는 불안할 때이다. 부모의 '조심스런' 뒷바라지가 요구되는 때이기도 하다.

수능고사를 한 달 내지 보름 정도 남겨 두면 괜히 마음만 앞설 뿐, 행동이 쉽사리 잘 안 따라 줄 때가 많다. 이런 무기력한 학습 현상을 학습 가위눌림 현상이라고 한다. 바로 이러할 때 가볍게 이삭 줍는(Soft-touch) 요령이 절대 필요하다.

난이도는 해마다 기복현상이 일어나는 편인데 지난 해 다소 쉽게 출제된 과목은 이듬해 조금 어렵게 출제하고 또 어려운 해의 문제는 다음 해에 그만큼 난이도를 완화하여 출제되는 경향이 있다.

해마다 수시모집 비율이 확대되며 수능 전후로 수시대비에 대한 마음이 쏠려 있어 수능공부에 완전 집중하기가 더욱더 어려워진다.

최근 몇 년간 고 3 재학생들이 재수생에 비해 학력이 다소 떨어져 있는데 고 3 학생들은 전과목을 한 번 겨우 훑어보기 빠듯할 정도로 시간 쫓김이 의외로 심하다.

⊙ 학교 휴식시간을 간단한 수학문제나 단어를 외우는 데 투자하자

짧은 10분 동안에 단편적으로 이해하거나 암기할 수 있는 기회가 바로 이런 경우이기 때문이다. 옆짝 친구들과 얘기하며 문제를 풀 수 있는 정도라면 더욱더 좋다. 가볍게 문제를 풀면서 스트레스를 해소하는 기회도 얻을 수 있다.

⊙ 그동안 만든 오답노트를 들여다 볼 때다

여러 과목들 중 수학 과목의 오답노트가 가장 흔한데 이 시점에 다시 한 번 과거에 힘들었던 오답문제를 다시 풀게 되니 기분도 좋아질 것이다. 다시 풀릴 때는 자신감을 갖게 돼서 좋지만 안 풀려도 짜증내지 말고 가볍게 풀어 보는 습관이 필요하다. 지나치게 난이도가 높은 문제의 오답은 이제 자기 역량에 맞춰 포기하여도 된다. 아울러 영어 단어는 형용사, 명사 어휘도 중요하지만 동사(Verb)의 중요성이 가장 크다. 동사 단어를 모르게 되면 문장이나 지문 전체의 맥락을 못 짚게 된다.

⊙ 시사성 있는 문제를 대비하자

이는 자기 혼자 학습하기에는 시간상 부족할 수 있다. 특히 자료 수집 단계에서 자신의 시간을 내기가 어려울 수 있는데 이는 전문가의 조력이나 학부모의 도움을 받는 것이 괜찮을 수도 있다. 다만 출제 시점이 수능 1개월에서 2개월을 앞둔 상황이므로 수능일이 11월 초순이면 그해 9월 정도까지의 시사성 있는 문제들을 점검한다. 최근에는 여러 과목의 통합형 문제가 자주 출제되므로 시사와 병행하는 문제들을 주로 살펴본다. 예를 들면 강원도 양구군의 해안 분지에 적합한 농작물은 무엇이며 그러한 현상의 근거, 남북통일이 된다면 그 지역의 관광적 자원이 어떠할 것인지 등을 파악하라는 의미이다.

⊙ 작년 기출문제를 풀어 본다

기출문제는 경향파악에 가장 중요한 역할을 하므로 수능 한 달 전후에 한번 풀어 보는 것이 좋다. 그래야 남은 한 달 동안에 이삭줍기에 참고가 되기 때문이다. 어떤 방식으로 이삭줍기를 잘 하느냐에 따라 약 15점 정도가 등락할 수 있음을 유의해야 한다.

수능 한 달 전, 변별력이 제일 큰 수학을 이기는 법

       대입수능고사가 치러지기 한 달 전쯤에는 실질적으로 최종정리를 해야 하는 마무리 과정이 그다지 체계적으로 되지 않는 편이다. 그만큼 마음이 초조하고 집중력이 오히려 떨어지는 시점이기도 하다.

   그중 변별력이 가장 크며 개인별로 점수 차가 가장 크게 벌어지게 하는 수학의 중요성은 새삼 강조하지 않아도 될 듯하다. 최근 수능 수학이 종전 80점 만점에서 100점으로 상향조정되고 주관식 문제 문항수가 종전 6문항에서 9문항으로 늘어났다. 더욱이 수학 I과 수학 II 단원으로(문·이과별로) 제한되며 공통수학이 빠지면서 범위가 좁아져서 문제의 난이도는 자연히 높아져 수험생의 부담은 그만큼 가중되고 있다.

⊙ 수학 I · II와 공통수학의 균형 유지

상위권일수록 여유 있게 공통수학의 중요 공식이나 취약단원을 한번 훑어보라. 수학 I · II에서 어느 정도 궤도에 오르면 공통수학의 기본 능력이 있는지 없는지에 따라 변별되기 때문이다. 특히 도형과 함수에 비중을 두고 학습해 둔다.

도형_ 원의 접선 공식, 준원의 의미와 자취, 점과 직선간의 거리를 원에 접목한 문제

함수_ 유 · 무리 함수의 그래프 그리는 법, 함수의 개수와 종류를 경우의 수와 연계한 문제

삼각함수_ 삼각형의 넓이, 평행 사변형의 넓이, 코사인 제 2법칙, 그래프, 동경의 의미

⊙ 빈도수가 높은 단원

상용로그를 이용한 자릿수 구하기, 등차수열의 합, 등비수열의 합을 이용한 기수불, 기말불 계산, 시그마 성질을 이용한 계산법, 군수열에서 원칙 발견을 직관으로 하는 법, 순서도에서 점화식의 값을 구하는 법, 극한에서 무한수열과 무한급수의 수렴 조건을 구분해서 알아둔다. 도형과 무한급수를 접목한 문제, 진동의 의미, 순열과 조합의 구분(순서를 고려하면 순열, 단순히 뽑기만 하면 조합), 조합을 이용한 도형의 문제, 조건부 확률과 기하학적 확률, 독립

사건이 되기 위한 방법, 표준 정규 분포를 통해 확률 계산하는 법, 연속 확률 변수 등이 각 단원의 핵심 문제들이다.

위에서 언급한 단원별 문제는 또박또박 챙겨서 풀어보면 마지막 한 달여 동안에 3~4문항 더 맞출 수 있다. 그것으로 12점 정도의 플러스 효과를 얻을 수 있다면 매우 영향력이 큰 편이니 놓칠 수 없는 점검이다.

⬡ 최근 2~3 년간 모의고사 문제를 풀어 보자

특히 수학은 문제 유형에 익숙하지 않으면 매우 당황하게 된다. 이 점을 가장 잘 보완시켜 주는 게 전국 규모의 모의고사 문제들이며 시간을 내서 하루 20문항 이상 줄곧 풀어 본다. 아울러 수능 기출문제를 풀어 보는 것은 기본적 상식이니 두말할 나위가 없다.

한편 시디롬(CD-ROM)이나 EBS방송강의를 시청하는 방법은 수학 과목의 성격상 일방식 강의에 의한 부작용이 우려되므로 관련 교재를 구입하여 수험생 스스로 문제를 직접 풀어보도록 하는 것이 좋다. 다시 말하면, 모니터를 보며 방송 강의를 듣는 것은 부적합하며 본인이 스스로 문제를 푸는 의욕을 저해할 따름이다.

⬡ 난이도가 적합한 시중 문제집을 풀어 보자

다른 과목과 달리 수학은 풀어 보지 않은 새로운 문제를 계속 다뤄 보는 게 효율적이다. 응용력을 길러 주기 때문이다. 지나치게 난이도가 높은 문제나 낮은 문제집은 피하는 게 좋다. 수능 수학은 다른 과목과 달리 교과 통합형 문제보다 각 단원별 순수 문제를 많이 출제하는 경향이기 때문에 고 1 · 2때 쓰던 주요 참고서를 병행하는 것도 좋다. 즉 이전에는 로그와 극한을 응용한 문제가 위주였으나 최근에는 로그 자체의 문제, 극한 자체의 문제들이 많이 출제된다.

지피지기(知彼知己)면 백전백승(百戰百勝)이란 말이 있듯이 최근의 수능의 추세가 그렇다면 그 경향에 따라 학습하면 좋을 듯하다. 다만, 도형과 기하 단원의 문제들이 수능에서 매우 강세를 보이고, 또한 이 부분이 수험생들에게 상당한 부담을 주고 있는 게 사실이다. 기하 문제는 중학교 때 다룬 원과 사각형의 성질들이 빈번히 출제되기 때문에 이 부분을 요약해준 시중 참고서를 한번 훑어보고 시험을 보면 좋을 것이다.

시점 상, 수능 한 달 전은 전과목에 대해 균형 있는 학습이 필요하다. 다만 영어와 수학의 문제풀이는 매일 매일 실시하여 풀이 감각을 끝까지 유지해야 한다.

일선 입시지도자들은 종전에 풀어본 문제집을 반복 학습하는 것이 유리하다고 주장하지만 영어와 수학의 문제풀이는 오히려 새로운 문제들을 계속 다루어 보는 것이 더 유리하고 문제 적응력을 높이게 된다. 필자의 바람으로는 과목별로 문제풀이집을 수능 이전 3개월 동안에 최소 7권 이상 다루어 보기를 권한다.

초조한 수능 일주일을 앞두고

1년, 아니 3년을 기다리고 닦아 왔던 세월을 등 뒤로 한 채 어느덧 수능일이 코앞으로 다가 오게 되면 우선 마음이 초조해진다. 정작 잘 풀어내던 수학 문제가 갑자기 안 풀리기도 하고 머리가 의외로 복잡해져서 쉽게 생각하면 풀릴 것을 괜히 빙빙 사색여행을 하다가 시간을 놓쳐 버려 슬럼프에 빠지기도 한다. 그러나 최종 일주일을 앞둔 시점은 어느 누가 보더라도 중요한 시점임에 틀림없다.

수능 일주일을 앞두고 수험생이 주의해야 할 것을 몇 가지 들어본다.

첫째, 건강관리에 가장 신경 쓰자

다른 어떤 질병보다 감기와 소화기 이상을 가장 경계한다. 긴 시간동안 잠을 줄이고 긴장한 탓으로 몸의 저항력이 떨어져서 감기에 걸려 제 컨디션을 유지 못하는 예가 허다하다. 특히 환절기 전후에 수능고사일이 걸려 있다 보니 너나할 것 없이 감기환자가 대부분이다. 긴장의 연속과 피로누적으로 거식증, 소화불량, 급체, 신경성 설사 등을 하는 경우가 많은데 이 또한 수능 막바지에 경계할 일이다.

어떤 수험생은 시간이 흐를수록 성적이 계속 떨어져 상담해 본 결과 꼭 시험(각종 학교 시험, 모의고사 등) 때만 되면 설사가 나고 배가 사르르 아파서 자기 머릿속의 저장탱크가 갑자기 휑하게 비는 느낌을 받는다고 한다. 물론 전문 의사한테 처방을 받아 꾸준히 약도 복용하고 있다고 하지만 성적이 잘 나올 리 없다. 뭔가 나름대로 건강상 문제가 있을 수 있고 지구력의 한계 때문일 수도 있으니 지나치게 긴장하는 것은 피해야 할 것이다.

⬡ 둘째, 수면을 충분 유지하자

며칠 남지 않은 시점에서 아직 한 번 다 못 본 과목이나 단원들이 생기며 밤잠을 줄이고 마지막 정리를 하는 예도 있다. 그러나 이는 심리적으로 그렇게 해야만 안정이 될 수도 있겠으나 소탐대실(小貪大失)하는 결과를 초래한다. 잠이 부족하면 집중력이 떨어지기 때문에 문제풀이를 하는 마지막 시점에서는 경계해야 할 부분이다. 학부모는 늘 수험생의 건강을 바로 가장 가까운 곳에서 수시로 주의 깊게 관리해 주어야 한다.

마지막 일주일을 앞두고 중요 암기과목은 한 번 더 정리하여 회독(回讀)하는 것이 좋다. 왜냐하면 일주일을 넘은 상태에서 사탐 과목 등을 최근에 다시 본 적이 없다보면 기억유지 능력의 한계로 까먹는 부분이 발생하여 오히려 헷갈리는 예가 있기 때문이다. 또한 시사성이 있는 문제들을 정리해 보는 것도 좋다. 아울러 그해와 이듬해의 년도가 어떤 주기성을 띠는 숫자인지도 파악해 두면 좋다.

예를 들면 2008은 4의 배수 해이고 2월이 29일까지 있고 윤달이 들어가는지 여부, 그 해에 열릴 주요 국제대회들을 체크해 두면 의외의 문제 적중 가능성이 있다. 반면 수학과 언어, 영어는 매일 일정 시간을 문제풀이에 배치하여 손놀림이 어색하지 않도록 해야 한다.

이미 출제됐던 문제라도 실제 수능문제였기 때문에 경향 파악과 패턴에 익숙하게 적응할 수 있으므로, 수능 한 달 전 부터 풀어본다. 평소 오답노트를 만들어 둔 학생은 바로 이 시점에서 반복 학습하는 것이 좋다.

이런 우스갯소리가 있다.

"대학 시험에 합격하려면 그건 간단해. 첫째, 시험을 본다. 둘째, 시험을 잘 본다. 셋째, 불합격자 명단을 피한다."

참으로 간단할 수 있겠으나 세상 일이 어디 그리 간단하겠는가!

필자는 해마다 제 능력을 제대로 발휘하지 못하고 수능실전에서 실패하는 학생을 볼 때마다 참으로 안타깝다는 생각이 든다. 평소 전교 5위 이내에 드는 학생이 수능시험에서 수학 주관식 문제 하나가 갑자기 안 풀려서 여기에 10분 정도 매달리다가 결국은 시간에 쫓겨 나머지 풀 수 있는 문제도 놓치고, 알고 있는 문제들도 갑자기 하늘이 노래지며 아무 것도 기억이 안 나더라는 것이다.

수능은 자신의 인생의 전환점이 되는 중요한 시험임에는 틀림없다. 그만큼 심리적 압박을 많이 받는 것은 충분히 이해가 간다. 그러나 평소의 학습 외적인 마인드 컨트롤을 제대로 하고 문제 풀어 나가는 요령을 제대로 알았다면 그런 결과는 불러일으키지 않았을 것이다.

⬡ 특히 수학 시험 보는 시간에 긴장을 풀자

수학은 한 문항당 배점이 높고 주관식 문제가 있어 풀이의 길이 막혀 버리면 정상인도 매우 당황하게 된다. 통상 수능 문제는 2~3점짜리 문제가 앞쪽에 포진해 있는데 먼저 이를 풀고 바로 주관식 문제로 가는 것이 좋다. 주관식 문제는 그다지 어려운 문제가 잘 나오지 않는다. 오히려 정작 어려운 문제(수학 외적 해결 문제, 통합형 문제 등)는 주관식 유형 바로 앞에 놓인 3점 내지 4점짜리 문제들인데, 이 부분을 마지막에 풀라고 권하고 싶다. 차례대로 문제를 풀다가 이런 3~4점짜리 객관식 유형이 막히면 쉬운 내용의 주관식 문제를 놓치게 되는 우를 범하지 않기 위함이다.

⬡ 매 시험 시작 전 5분경에 눈을 감고 명상을 하자

연구에 의하면 스트레스 중 학업에 대한 스트레스가 가장 높다고 한다. 특히 인생을 좌우하는 수능을 치른다고 하면 그 스트레스는 극에 달하는 것은 자명한 일이다. 한 과목을 잘 못 보았다고 그것에만 신경 쓰다 보면 전체시험을 심리적 압박 때문에 망칠 수가 있다. 그러기보다는 각 시험이 시작되는 시간마다 휴식시간을 활용하여 마인드컨트롤(Mind-control)을 하며 잠깐씩 명상을 하면 자신의 실력을 발휘하는 데 큰 도움이 될 것이다. '명상은 경직되어 있는 우리의 몸과 마음의 자연스러움을 되찾아 순수한 마음상태로 되돌아가게 해 준다'고 한다.

⬡ 옷을 슬림하게 입고 출정하자

수능 때는 항상 입는 옷을 입어야 가장 편안하게 시험 볼 수 있을 것이다. 즉 가장 편안한 옷차림을 하는 것이 좋다.

그리고 수능날 시험장은 따뜻하게 난방이 가동된다. 1년 동안 추웠던 학교라도 수능날 만큼은 훈훈하게 난방을 틀어준다. 밖의 날씨가 춥다고 옷을 너무 많이 입고 오면 덥고 답답해 자신의 실력을 발휘할 수 없게 될 수도 있다. 수험장으로 가는 길이 추울 것이 염려가 된다면 얇은 옷을 여러 겹 껴입고 교실에서는 벗는 것도 효율적인 방법이다.

⬡ 점심 이후 약간의 각성 기능이 있는
커피나 녹차를 한잔 마신다

특히 오후 시험과목이 사탐이나 과탐같이 문항 수가 많을 때 더욱 그렇다. 간혹 우황청심환 같은 약을 복용하게 하는 엄마들이 있는데 이는 금하는 게 좋다. 운전면허 시험 때 떨리는 현상을 막아준다고 먹었던 기억을 자녀의 수능고사에 적용하다가는 오히려 역효과가 날 수 있다. 수능은 약간의 긴장이 필요한데 마음이 극도로 편안해지면 수능득점이 오히려 안 나오기 때문이다.

지나간 시험은 깨끗이 잊도록 한다. 잘못 푼 문제로 인하여 수험생 동료들이 설왕설래 할 때 다음 시험과목의 오답노트를 보거나 가벼운 암기 내용을 되새겨 보는 것이 현명하다. 시험을 모두 끝내면 저녁에 채점 작업을 스스로 하게 된다. 부모들은 이때부터 긴장이 다시 시작된다. 평소 자신의 능력에 맞게 시험 결과가 나오는 것이 정상이고 원래 시험의 취지인데, 해마다 이변이 일어나는 학생들을 보게 된다. 그런데 특이한 점은, 의외로 잘 보는 이변이 1의 비율일 때 자기 실력보다 턱없이 못 봐 억울해 하는 학생이 4의 비율로 훨씬 높다는 점이다.

어떤 의미로 본다면 시험이란 제도가 인간 역사상에 존재함은 적합한 사람 일부를 붙이려고 하는 것이지만 엄밀하게 따지면 부적격한 사람들을 떨어뜨리려 하는 것이 근본 취지임을 명심해야겠다. 수능 당일 부모의 지나친 요구나 강요는 시험을 자칫 망치게 할 수 있으므로 최대한 편안하게 고사장으로 인도해 주는 것이 바람직 하다.

Part 2

학부모의
학습지원 방법

잦은 입시제도 변화에는 중간 길을 가자

　복잡한 서울 시내 길을 운전하다가 행선지가 좀 의심스럽고 가야 할 길이 애매할 때는 중간 차선을 가는 게 쉽다. 곧 나타날 사거리에서 우회전을 해야 하는데도 불구하고 좌측 끝 차선에 들어서 있다 보면 부득이 돌아오는 수밖에 없다. 이것을 우리는 '시행착오'라 부른다.

　2000년대 들어 와서 대학입시제도가 벌써 2번이나 크게 바뀌어 정작 입시 당사자도 헷갈릴 정도이다. 수능 만능제도에서 '수능＋내신'으로 흐르다가 2008학년도부터는 '내신＋통합논술'로 큰 흐름이 바뀐다.

　새 입시제도로 한두 해 적용해 보다가 여론 상황이 나쁘면 또 다른 방도를 강구한다. 아마 다음 입시제도로는 무시험 만능제도가 나오지 않을까 하는 비아냥거림도 들린다. 교육은 백년대계(百年大計)라는데, 요즘 입시제도는 백일대계(百日大計)인 셈이다.

앞으로 어떤 입시제도로 변화되더라도 어려움이 없도록 중학생 이하 학생은 학습방법을 전천후 시스템으로 다져 놓아야 한다.

⊙ 첫째, 주요 도구 과목을 위주로 학습하자

즉 영어와 수학, 언어가 바로 이런 과목인데, 어떤 제도로 시행하든 이런 과목은 늘 중요한 포인트 과목으로 자리매김 한다. 다만 출제 유형이 서술형이냐 단순 주관식형으로 되느냐와 반영되는 출제 범위가 어느 단원인지는 다소 유동적일 수 있다.

특히 수학의 경우는 한때 공통수학(10-가, 나)이 수능고사의 원래 취지상 적합한 능력 판단의 잣대로 활용되어 중요시되다가 최근 수능고사에는 수학 I 과 수학 II 가 출제 범위로 바뀌었다.

⊙ 둘째, 독서량을 풍부하게 해둔다

이것은 전 세계적인 추세인데, 논술유형으로 출제되는 경향이 지배적이다. 심지어 수학, 과학 과목에 대한 평가도 논술유형으로 제시하고 답안 작성도 그렇게 요구하고 있다. 평소 독서량이 부족한 학생들은 문제의 핵심을 찾지 못하고 엉뚱한 주제로 작성하다가 낭패를 보는 경우가 많다.

실례로, 최근 모 대학 수리 논술에서 인간과 자연 환경의 상호 의존도가 갈수록 높아지는 상황을 구체적인 자료를 주고 로그값을 계산하는 문제가 출제된 적이 있는데 문제의 맥을 못 짚고 빈칸으로 답한 경우가 태반이 넘는 경우가 있었다. 문제는 전부 15줄이고 풀이와 답은 단 3줄이면 끝나는 문제였는데 평소 독서량이 부족하다 보니 수학과목에까지 영향을 미친 예가 된다고 볼 수 있다.

⬡ 셋째, 학습외적인 분야에 관심을 갖는 여유를 보이자

잦은 입시제도의 변화가 있어도 학교 내신에서 수행평가나 과제물 학습에 대한 점수를 계속 높이는 편이다. 평소 독서나 영화, 음악 감상, 여행 등이 모두 입시제도 속의 플러스 요인으로 작용할 수 있다는 의미이다. 수시평가나 과제물 학습에서 이런 직접 경험이 없이는 별로 큰 득점을 기대하기 어렵게 요구하고 있기 때문이다. 아울러 여행이나 답사를 할 때 디지털 카메라로 현장을 기록해 두었다가 차후 필요할 때 컴퓨터로 뽑아내면 많은 도움이 된다.

하지만 상황이 다양하게 바뀌어도 입시 주체인 수험생 장본인의 역량이 튼튼하다면 형식이 무슨 문제가 되겠는가!

계획표를 만들어 실천하자

마치 무슨 초등학생한테 말하는 내용 같다. 그렇다. 그러나 매우 중요한 내용이니 수시로 반복하여 잔소리(?) 할 수밖에 없다. 사실 계획 없이 무슨 실행이 있는가? 혹자는 계획 세우는 그 시간에 차라리 공부하며 실행하는 노력의 시간이 더 값진 게 아니냐고 한다. 일리가 있지만 실상은 그렇지 않다.

반드시 계획표를 작성하여 거기에 맞게 학습해 나가면서 80% 정도를 달성하면 그것은 성공이라 할 수 있다. 만약 120%로 초과 달성하면 그것은 애당초 계획의 실수라 볼 수 있다.

공자가 『삼계도(三計圖)』에 이르기를 "일생의 계획은 어릴 때 하고, 일 년의 계획은 그 해 봄에 하고 하루의 계획은 새벽에 하라"고 하였다. 어려서 배우지 않으면 늙어서 아는 것이 없고, 봄에 밭 갈지 않으면 가을에 바랄 것이 없고, 새벽에 일어나지 않으면 그날의 할 일이 없는 법이다.

필자는 계획표를 세 가지 종류로 만들어 실천하기를 권한다.

⬡ 첫째, 일일 계획표를 만든다

요일별로 방과 후 학원수업이나 보충수업을 뺀 순수한 자신의 가처분(假處分) 시간을 하루 6시간으로 잡는다고 가정하자.

한 예를 들어보자.

시간	학습내용
6시~ 8시	수학
8시~ 9시	영어
9시~ 9시 30분	30분 휴식
9시 30분~10시 30분	언어
10시 30분~밤 1시	사회탐구(국사, 경제)
밤 1시	취침
학교에서 0교시, 학교에서 자투리 시간	수학 문제풀이집 풀이

위와 같이 나름대로의 계획표를 세웠다고 가정할 때, 유의할 점은 우선 여러 과목을 매일 매일 분산시켜 학습해야 한다. 아울러 중요 도구 과목인 수학, 영어는 매일 1시간 이상씩(개인별 역량에 따라 조절) 투입한다. 가장 나쁜 학습방법이 오늘은 영어만 종일하고 한동안 영어는 손을 떼고 하는 방식인데 이러한 학습 방법은 금해야 한다.

⬡ 둘째, 주간 계획표를 짠다

이번 한 주 동안 과목별로 몇 개를 집중 공략할 계획표라 보면 된다. 이번 주에 평소 점수가 잘 안 나오는 화학을 바짝 공략하자라는 방침이 서면 과탐시간 중 화학의 개인 학습 시간을 집중 배치하여 어느 정도의 진도까지 수습할 수 있는 계획표를 짜야 한다.

물론 그 주에 갑작스런 돌발 상황이 발생했거나 진도상 자신의 계획까지 못 채우게 되면 토요일이나 일요일에 보충할 수 있는 시간적 여유를 따로 비워 놓도록 계획표를 짠다.

⬡ 끝으로, 월간 계획표를 짜자

예를 들어, 이번 7월은 기말고사가 있으니 학교 시험공부에 다소 많은 시간이 뺏길 테니 수능학습은 다소 느슨하게 잡고, 8월은 과목별로 총정리 할 수 있도록 몇 개 과목을 마스터하는 달로 잡는다는 의미이다. 이렇듯 일일, 주간, 월간 계획표를 세워 학습하면 훨씬 더 체계적이고 능률적으로 수능학습에 도움을 줄 수 있다. 어떤 한 학생은 H 과학고생이었는데 계획대로 그날의 목표량을 달성 못한 상태로 기숙사 생활을 하다 보니 자정 무렵 강제 소등하게 되어 소등되지 않는 화장실에 가서 1시간을 공부한 예가 있다.

계획표를 짜두지 않았으면 그런 행동은 하지 않았을 것으로 추정된다. 그날의 목표량이 어느 정도인지 몰랐을 테니까….

필자는 아침에 눈을 뜨면 오늘의 할 일을 곰곰이 생각해 보며 잠

자리에서 일어난다. 그리고 수학에서 배운 것처럼 오늘의 할 일과 방문, 외출 상황을 경제적인 동선을 머릿속에 그으며 순서도(알고리즘)를 만든다. 일본 홋카이도(北海道)의 어느 대학 교정을 가면 윌리엄 클라크(William Clark) 교수의 명언 "Boys, be ambitious!"라는 동상에 새겨진 글귀를 발견하게 된다. 야망이란 쉽게 얘기하면 그 날의 계획부터 시작됨을 명심하자. 그날의 계획이 없는데 어찌 야망이 있겠는가!

어떤 부모는 학생의 일과를 밀착 관리하는 편인데 계획표를 자녀와 함께 짜고 실천 여부에 따라 용돈을 차등 지급한다고 한다. 굳이 그럴 필요는 없지만 부모가 관심을 가져주는 것은 바람직하지 않을까 싶다.

출근한 아빠가 할 일

　　현실적으로 우리 한국인들의 가정에서 가장(대개가 아버지)의 역할이 큰 게 사실이다. 이러다 보니 아버지와 자식간의 대화구조로 볼 때 초등학교나 중학교 때까지는 원만하게 대화의 시간이 길어지는데 비해 고등학교 들어가고부터는 시간이 대폭 줄어든다.

　　아버지의 역할이 별로 없어 보이는 것 같기도 하고, 또 아버지 생각으로 "아, 내가 끼면 오히려 공부에 방해 될 수 있지." 이러면서 자식과 하루에 단 10분도 대화를 하지 않는 가정이 비일비재하다. 그러나 아버지가 자식에게 해야 할 일들 중에서, 심리적, 정서적 차원은 차치하고라도 현실적인 보조를 해 줄 수 있는 부분이 너무 많다.

　　2008학년도 대학입시부터는 과거 본고사와 유사한 통합형 논술고사가 치러지며, 이 시험의 핵심은 충분한 자료가 수험생의 머릿속에 숙지되어 있어야 한다는 점이다. 그중 대표적인 자료가 '신문 사설'이다. 그렇다고 매일 갱신되는 신문 사설을 가위로 오린다든가 복사한다는 것도 쉽지 않다. 이때 아버지의 역할이 필요할 수 있다.

아버지가 다니는 회사에는 대부분의 경우 신문을 1개월 단위로 편철해 둔다. 이 신문 사설란에 지나친 시사성을 띤 주제, 전문성이 심화된 주제 등은 피하고 경제, 문화, 사회, 외교 부문의 내용을 중심으로 한달 또는 보름 단위로 복사하여 별도 스크랩 노트로 만들어 자식에게 선물처럼 줘 보자.

한쪽에 사설 하나 정도를 풀로 붙이고 최소 5줄 이상의 여백을 두어 여기에 수험생이 자신의 견해를 에세이 식으로 써보게 해보라. 이보다 더 좋은 논술 대비는 없다.

이런 생활 습관을 한 달, 두 달, … , 6개월, … 1년 이렇게 지속하면 보이지 않는 거대한 자신의 지식창고가 세워진다. 한 수험생 P군은 학원과 집, 학교를 서로 오가는 차량 이동 중에 이 신문사설을 늘 생활의 일부처럼 보고 써보는 중에 갑자기 자기가 소설가가 되고 싶나며 종래 법학을 꿈꾸었다가 문예창작 전공으로 학과선택을 바꾼 경우도 있었다.

다만 여기서 유의할 점은, 아버지가 자료만 만들어 주었다고 역할 종료라고 판단해서는 안 된다. 일정기간 단위로 아버지와 자식 간에 격식 없이, 부담 없는 대화를 유도해야 한다.

예를 들면, "어이, 우리 아들 용석아, 최근에 부동산 대책이 나온 후 우리 경제가 더 어려워지는 걸까? 아니면 더 잘되는 걸까? 아빠 생각엔 그런 정책으로 정작 피해를 보는 계층도 좀 생기거나 하는 후유증도 예견되는데 말이야." 하며 슬쩍 던지는 질문이 대화의 실마리가 될 수 있다. 바로 아버지가 출제 교수가 되는 셈이다.

아버지는 이제라도 신문 사설을 그냥 버리지 말고 스크랩해 두는 작업을 해보자. 그 순간, 수험생 자녀는 벌써 한 두 단계 상향된 대학의 문을 두드리고 있을 것이다.

우리 아이를 자퇴시켜 버릴까요

2008학년도부터 적용되는 새 입시제도의 근간은 내신강화와 논술비중 확대이다. 고 1 후반부 내지 고 2의 1학기를 마치는 시점이 되면 내신 점수가 어느 정도 굳어지기 때문에, 이 부분에서 점수가 나쁜 학생들은 자퇴를 고려하게 된다.

종래 입시제도로는 수능만능주의라 해도 과언이 아닐 정도로 내신 점수가 아무리 나빠도 고 3 막판의 수능으로 충분히 뒤집기가 가능했던 데 비해, 새 입시제도에서 수능은 단순한 자격고사화 되고, 내신 점수가 절대적으로 반영되기 때문에, 이런 자퇴 풍조가 속출할 소지가 많다고 볼 수 있다.

이 부분에 대한 필자의 조언이라면, 자퇴는 하지 않는 것이 좋겠다는 생각이다. 긴 인생을 살다보면, 고교 동문은 큰 인적재산으로 삶의 매우 중요한 요소라고 할 수 있다. 이와 같은 무형의 재산을 스스로 포기하며 당장의 이익을 꾀하는 것은 긴 인생을 두고 볼 때

손익계산서 상 손해라고 말하고 싶다. 그리고 내신의 비중이 생각보다는 그렇게 클 정도로 변별력이 높은 것은 아니다. 왜냐하면 기본점수를 바탕에 많이 부여하고 있기 때문이다.

자퇴생의 경우 수능성적으로 내신점수를 가늠하게 된다. 수능고사를 잘 본다는 보장이 없고, 만약 특정 해에 수능고사가 난이도 조절에 실패하여 의외로 수능을 잘 보고도 낮은 등급을 부여받을 수 있는 경우가 있어, 이런 관점에서 본다면 자퇴는 도박에 가깝다고 할 수 있다.

평소 학교라는 조직사회에서 배우는 많은 지적 재산과 단결의식, 인내력, 협동정신 등은 어떤 다른 조직에서도 터득할 수 없기 때문에, '자퇴'라는 행위는 앞으로의 인생살이에 큰 도움을 버리는 반대 효과가 나타날 수 있다.

그러나 이런 상황에도 불구하고 자퇴를 꼭 해야 할 경우라면, 그 결정시기가 빠를수록 좋다. 고 2 상반기에 자퇴를 하면, 같은 동기들에 대해서 1년 재수하는 것과 같기 때문이다(과목별 검정고시 대비). 또한 검정고시를 치를 수 있는 자격은 자퇴 후 1년이라는 경과기간이 필요하기 때문에, 이 부분에 대해서도 염두에 두고 자퇴하는 것이 좋다.

물론 자퇴를 하게 되면, 또 다른 입시 기관(사설학원, 검정고시학원 등)에 입학하여 전문적인 입시대비를 하여야 한다. '나홀로' 학습은 언뜻 생각하면 많은 학습 경험을 쌓을 수 있을 것같이 보이지만, 경쟁의식 부재, 입시정보 부재 등으로 중도에 좌절하는 경우가 많다.

이때 사설입시기관에서 학습하는 것과 동시에 별도로 교과서를 충분히 학습하고(학원에서는 교과서 지도를 하지 않는다), 각종 도표와 그래프, 실험실습 경과 사항 등은 따로 메모를 해 두는 것이 좋다. 이는 출제기관인 평가원에서 고 3 재학생들에게 다소 유리한 방향으로 출제하려는 관성의 법칙에 따르는 방향이기 때문이다. 아무래도 학교기관을 떠나 있으면, 학교 현장 감각이 떨어지게 된다. 이 점은 재학생들에 비해 많이 불리한 점이다.

한 특목고 수험생은 고교 1학년 1학기를 마치자마자 서울 강남의 다른 학교로 전학을 하고, 새로운 학교에서 내신 관리를 나름대로 성실히 하여 성공한 사례도 있기는 하다. 그러나 대부분의 경우 자퇴하면 성공보다는 실패한 사례(성적 하향, 동기들에 비해 1~2년 늦게 입학하는 사례)가 많다. 학생이 자퇴의사가 있어 자퇴하는 경우와 학부모가 시켜서 하는 경우, 그 성격은 다소 차이가 있을 수 있으나, 학생으로부터 충분한 동의를 분명히 받도록 해야 한다. 그 학생의 장래를 부모가 평생 보장해 주지는 못하기 때문이다.

그래서 자퇴는 입시전문가와 주변 가족들 간의 충분한 협의와 상담을 거친 후 결정해야 한다. 현행 입시제도로는 이런 자퇴 풍조가 지속적으로 발생할 수가 있어 수년 내에 이에 대한 대책이 나올 가능성이 높다. 물론 자퇴를 하는 요건을 무척 까다롭게 할 공산이 크다. 혹은 자퇴가 대학 입시에 감점요인이 되게끔 후속 대책이 마련될 수도 있다.

서울의 강남에 거주하는 학생들을 대상으로 표본 설문조사를 해본 결과 고 3은 평균 3개 이상의 학원을 등록하여 수강하고 있는 것으로 알려졌다. 심지어 수학 1과목을 3군데 학원에서 수강하는 경우도 있었다. 놀랄 일은 최상위권 학생의 경우 일부 특정과목을 2군데 다니는 학생들이 상당수 있었다.

학부모들, 특히 어머니들이 "우리 아이, 학원 어디어디를 다녀요."라고 은근한 자랑을 하는 경우, 자세히 들여다보면 최상위권 학생들의 어머니는 자녀가 다니고 있는 학원을 공개하지 않는다는 점을 발견할 수 있다. 어떤 면에서 본능적 자기 방어의 이기심이 발동했다고 추정할 수 있다. 그렇게 본다면 위에서 말한 3 군데의 학원이 어쩌면 실질적으로 너덧 군데 이상으로 늘어나 있는지도 모른다.

외국어(영어)의 경우, 학원선택을 할 때 중 3부터 고 2까지는 문법 강의가 어느 정도 내포된 강좌를 택하는 것이 좋다. 이는 독해의 근원이 문법과 어휘이고 이런 뿌리를 제대로 알지 못한 상태에서 순수 독해를 파악하기에는 한계가 있어 고 3 때 허물어지는 경우가 종종 있기 때문이다.

반면 고 3 때는 상반기에 주 2회 내외, 여름방학을 거치면서 주 1 회 정도 학원을 다니는 경우가 많은데 그것은 적합한 선택이라 할 수 있다. 영어학습의 생리상, 독해는 자기 스스로 풀어야 할 영역 에 속하며 학원 선생님이나 다른 외부인의 강의를 먼저 듣고 학생 이 차후에 확인 학습하는 방법은 바람직하지 않기 때문이다.

수학의 경우는 다른 어떤 과목보다도 스스로 학습하기에 곤란을 겪을 수 있다. 최상위권 학생이라도 스스로 혼자 학습하다보면 자 기가 부족한 단원에 대해서는 여전히 부족한 상태로 남아 결정적 으로 변별력이 있는 한 두 문제를 놓칠 수 있기 때문에 외부 강의 를 수강하는 것도 좋은 방법이다.

다만 자신의 그레이드(Grade)에 맞는 학원이나 강좌를 잘 선택하 되 90분 수업의 경우 90분 내내 강사가 풀이하는 내용을 학생이 받 아 적는 형태의 수업방식은 오히려 해를 가져다 준다. 수학은 눈이 아닌 손으로 풀어야 하고, 일방식 강의보다는 강사와 학생간의 쌍방 향 커뮤니케이션이 이루어지는 강의 방식이 학습효과를 더 높인다.

언어의 경우 대부분 논술을 겸하는 경우가 많은데 강남의 유명학 원은 언어와 논술을 따로 수강처리하며 가장 많은 시간을 뺏기는 과목이기도 하다. 으레 주말이면 언어 논술 강의로 학원에서 오후

2시부터 밤 10시까지 한다고 학생들이 힘들어하기도 한다. 그것은 과목의 성격상 논술 작성 시간이 이 속에 포함되어 있어 많은 시간을 필요로 할 수도 있으나 적합한 학원 선택을 하여야 최소 노력으로 최대의 효과를 얻는 경제성 원칙에 부합시킬 수 있다.

사탐과 과탐의 경우 고 1 때부터 고 3 때까지 비가 오나 눈이 오나 계속 학원 수강을 하는 경우가 있는데, 필자로서는 바람직하지 않다고 본다. 사탐이나 과탐은 자기 스스로 외우고 문제를 풀어야만 완전한 자신의 것으로 만들 수 있는 특성을 갖고 있으며, 기득권(전단계의 학습능력)이 크게 작용하지 않는 과목이기 때문이다.

다만 여름방학과 겨울방학을 이용하여 특강으로 사탐과 과탐을 문·이과별로 나누어 수강할 필요는 있을지도 모른다. 시사성 있는 사탐의 경우 고 3 여름방학 때는 사정이 허용한다면 수강하는 것도 권할 만하다.

학생이나 학부모가 지나간 신문이나 인터넷 뉴스를 찾아 주요 내용을 발췌, 이기(移記)하는 데 많은 시간과 노력이 뒤따라야 하지만, 전문가에게 이를 위임하는 것은 시간이 돈인 수능 4개월 전에는 적합한 선택 방법이라고 할 수 있다.

필자도 학원 운영을 하고 있지만 학생들이 학원 수강을 할 때 매우 신중하게 결정하라고 주문하고 싶다. 무조건 큰 학원이 좋은 것은 아니다. 가방이 크다고 공부 잘 하는 학생이 아니듯, 자기 역량과 현실에 적합한 학원 수강이 가장 좋은 선택이다.

예를 들어 반에서 10등 하는 학생의 부모는 늘 자기보다 위인 전교 상위권 학생들의 수강 반에 넣고 싶어 한다. 부모의 마음으로 자식이 높은 그레이드에 속하기를 바라는 것이 어쩌면 인지상정인지도 모르겠다. 그러나 학원은 그 학생을 주요 대상으로 삼지 않는다. 오히려 최상위권 학생 몇 명을 끌고 가고자 한다. 그러니 그 학생은 자연스레 들러리가 되는데 하루 이틀…, 한 달 두 달이 지나다보면 모르는 부분이 많이 적체되어 오히려 학문적 소화 장애를 일으킬 테고 가정에 돌아와서는 신경질과 화만 자주 낼 수도 있다.

필자가 제의하는 좋은 학원 수강방법은 과목별로 달리 하는 것이다. 언어와 영어 같은 어문학 및 어느 정도 암기성을 요하는 사탐은 다수 학생을 구성한 대형 강의가 적합할 수 있고, 반면에 쌍방대화가 필요한 수학과 물리, 화학 같은 과목은 십 명 내외의 그룹식 강의가 더 효율적이다.

이상한 관습이 지배하는 나라

매년 찬바람이 부는 초겨울이 되면 수험생과 가족들은 온 신경이 대학입시에 집중되고 다른 모든 일들을 입시 결과 이후로 미뤄 놓는다. 자녀의 대학입시를 앞두고 새삼 다른 일들을 벌일 만큼 여유롭지 못하다는 반증이기도 하다.

◉ 망년회, 신년회 때 금기 질문사항

연말연시에 오래된 친구들과 동문들, 친인척들 간의 모임 등이 활발한 시점 전후로 자녀들의 대학입시 결과가 불거질 때이다. 그러다 보니 자연스럽게 이런저런 질문이 나올 수 있는데 어느 나라에서도 볼 수 없는 금기 질문이 있다. 바로 "이번에 너희 아들(딸) 대학 어떻게 되었냐?" 하는 것이다.

합격했으면 당연히 그의 부모 입에서 자연스레 어떤 형태로든 좋은 소식이 흘러나온다. 그러나 성공하지 못한 경우 모임에 불참하기도 하고, 또한 모임에 참석하더라도 사람들을 별로 만나고 싶어 하지 않는 분위기로 이끌린다. 그런 금기 질문을 받기 싫어서이다. 심지어는 그런 질문이 오가며 자칫 분위기가 험악해지기도 하고 경우에 따라서는 동정심을 받은 나머지 괜히 집에 와서 그의 자녀에게 화풀이하는 부모도 있다. 이건 엄연한 현실이다.

⬡ 부모의 사회적 위상이 자녀에 의해 결정된다(?)

어떤 조직이나 그룹이든 헤게모니(Hegemony)를 쥐고 있는 핵심 구성원이 있다. 처음에는 사회적 위상이 당사자의 사회적 지위나 경제 능력 등에 의해 결정된다. 그러나 세월이 서서히 흘러가며 자식농사의 대가는 생각보다 크게 작용한다. 부모의 위상이 자녀의 고교 재학 성적이나 대학입학 결과에 의해 결정되어 버리는 예를 흔히 보게 된다. 부모의 현재 상황이 경제적으로 어렵고 사회적으로 큰 대우를 못 받고 있을지라도 자식이 갑자기 서울대학교나 명문 의과대학을 가게 되면 그때부터 그의 부모는 재평가 받게 되며 말의 영향력이 커지게 되고 특정 조직의 주도자 역할을 하게 된다.

반면 "우리 아이는 반에서 1~2등 하지요" 하며 과장적 너스레를 떨던 부모가 갑자기 자녀 대입결과가 나올 때쯤부터는 서서히 자취를 감추거나 온갖 변명을 늘어놓기 시작한다. 심지어는 사회적 구조의 모순을 지적하며 자기 자녀가 그의 희생물이라고까지 투덜대기도 한다.

이런 예를 본 적도 있다. 같은 학교 소속의 학부모의 모임으로 계를 형성하여 자기 자녀의 성적 석차에 의해 곗돈을 탄다고 한다. 웃지 못 할 일이다. 대~한민국에서만 통용되는 희한한 풍조이다.

 입시와 기도

　　수능입시생이 있는 집은 수능시험 당일이 되면 고사장에 아이를 들여보내고 고사장 정문 앞에서 두 손 모아 기도를 하는 부모들을 쉽게 볼 수 있다.

　그때의 부모의 마음은 '내가 대신 시험을 칠 수 있었으면 내가 공부해서 수능을 볼 텐데….' 라며 안타까움이 반이며, '자신이 공부한 실력 모두 발휘하고 나와야 할 텐데….' 하는 애달픈 마음 반으로 머릿속이 꽉 차 있을 것이다. 그도 그럴 것이 평소에 건강하던 수험생도 입시 당일 복통이나 두통을 호소하는 극도의 스트레스를 경험하는 경우가 많기 때문이다. 이렇게 몸 상태가 좋지 못하면 수능에 정신을 집중해서 좋은 성적을 낼 수 없는 것은 당연한 일인지도 모른다. 어차피 부모가 자녀 대신 시험을 칠 수 없는 것이라면, 수험생에게 정신적인 안정감을 주는 것이 중요하다.

　입시철이 되면, 교회나, 성당, 사찰은 새벽 기도다, 백일 기도다 하며 문전성시(?)를 이루고 있다. 혹자들은 "평소에 공부도 안 하다가 기도만 하면 되나?"라고 할 수도 있다. 그러나 같은 실력에, 같은 학습방식에, 같은 컨디션을 가진 학생이 수능입시에 응했을 때 기도를 하는 사람과 하지 않은 사람의 성적을 보면 기도를 하는 사람이 더 좋은 성적을 받는다고 한다. 기도는 정신을 한 곳으로 집중시켜 줄 뿐 아니라, 자신이 할 수 있다는 믿음을 준다. 평소 학업성적이 아무리 훌륭한 학생이라도 스스로가 '정말 가고 싶은 학교에 갈 수 있을까?' 하고 회의를 느끼면 수능 당일 자신의 실력을 발휘할 수 없는 것은 당연한 일이다.

공부가 방해되도록 기도를 위해서 많은 시간을 할애하라는 것은 아니다. 아침에 일어나서 5분 정도 주기도문이나, 반야심경을 읽으며 '나는 할 수 있다.' 는 믿음을 가지고 하루를 시작하라는 것이다. 4년제 대학도 못 붙을 실력을 가진 학생이 기도한다고 서울대를 가는 것은 아니지만, 위에서 언급했듯 기도는 자신이 가지고 있는 실력을 안정되게 펼칠 수 있는 촉진제가 될 수는 있다.

시간이 많이 모자라는 입시생들을 위해 부모들이 입시성취기도를 많이 해주고 있는데, 수험생이 보기에 너무 과도하다 할 정도로 심한 기도는 권하고 싶지 않다. 그것 또한 입시를 준비하는 아이들에게 심적 부담으로 다가올 수 있기 때문이다. 공부하는 자녀들이 혼자 외롭게 공부하는 것이 아니라 부모들도 함께 한다는 것을 보여 주면 아이들은 많은 힘을 얻는다고 한다.

한 예로 수험생을 둔 서울 강남의 한 어머니는 집에서 가까운 곳에 자신이 믿는 종교건물이 있어 아침 운동하다가 하루에 한 번씩 들러 기도를 했다고 한다. 수험생 아이는 그 모습을 보고 열심히 공부를 하게 되었고, 겨우 수도권 지역의 대학교에 붙을 실력이었지만, 어머니와 학생 본인의 지극한 노력과 정성으로 서울 지역의 대학교에 진학하였다.

물에 빠진 사람은 지푸라기라도 잡는다는 말이 있다. 지푸라기가 물에 빠진 사람은 구하지는 못할 것이다. 그러나 그 지푸라기는 물에 빠져 있다는 막막한 환경에서 살아야겠다는 의욕과 심적 안정감을 준다.

입시의 바다에서 기도는 수험생에게 있어 하나의 작은 지푸라기가 될 수 있다.

자녀의 독서 지도를 하고 싶은데

　　최근 대입 정책에서 논술과 독서의 비중이 갈수록 강화되고 있다. 이에 따라 학생과 학부모 모두 책읽기에 대한 긴장감이 높아지고 있지만 '독서'는 하루아침에 이루어지지 않는다.

　　흔히 마음의 양식이라 일컬어지는 '독서'하는 습관은 유년 시절부터 지속적인 지도가 이루어져야 성공할 가능성이 높다. 어린 시절 올바른 독서습관은 무엇보다 중요하다. 자녀가 최초로 책을 접하게 되는 경로는 유년 시절 부모님이 머리맡에서 읽어주는 동화이다.

　　자녀의 독서 습관을 길러 주기 위해 평소 TV 보며 쉬고 있다가 자녀가 나타나면 보던 TV의 전원을 끄고 황급히 독서책 하나 집어들고 책 읽는 척 하는 부모를 주변에서 자주 볼 수 있다.

　　유년시절 읽으며 각인된 책의 내용들은 그 사람의 일생에서 두고두고 여운을 줄 정도로 책은 '양식'으로서, '길잡이'로 그리고 우리가 경험하지 못한 수많은 것들을 간접 경험토록 하여 시야를 넓혀 주는 역할을 하게 된다. 이와 같은 독서의 역할 때문에 신학기 초, 각 대학들에서는 동서 고전을 망라하여 신입생들이 읽어야 할 권장 도서 목록을 제시하는 경우가 많다. 해당 연령대에 맞는 올바른 독서 지도를 제시하면 다음과 같다.

- 발음이 발달하고 일상어를 구사하는 4~5세의 자녀들은 매우 재잘댄다. 궁금한 것도 많고 호기심도 많은 이 연령대 아이들에게 독서 지도로 책 읽어 주기가 알맞다.

- 초등학교 입학할 무렵의 아동의 사용 어휘는 4,000~5,000여 개 정도로 6세 이후 아동이 구사하는 어휘 수와 어휘력은 어른들의 허를 찌를 정도로 부쩍 늘어나는데 이 연령대 자녀에게 알맞은 독서 지도는 듣는 독서, 말하는 독서, 스토리 텔링을 통한 독서 지도이다.

- 학교에 취학한 이후 9~10세에 접어들면 자녀들의 작문실력도 비약적으로 성장한다. 이 연령대 자녀에게 적합한 독서지도는 독서 발표문을 통한 독서 토의 지도, 독서 방법 지도이다. 일기를 통한 독서 지도도 매우 효과적이다.

- 10~12세에 접어들면 자녀들의 어휘력은 두서없던 어휘력이 아닌, 스스로의 어떤 체계와 가치관 속에서 복잡한 형태로 발달하게 된다. 이때 적합한 독서 지도는 독서 토론 지도, 독서 논술 지도이다.

이렇게 독서 지도를 하면서 책을 잘 안 읽거나 싫어하는 아이가 있다면, 평소 입이 짧거나 편식의 식습관을 가진 자녀를 위해 '어떻게 하면 맛있게 음식을 먹이나?' 다양한 방법을 강구하듯, 어떻게 하면 자녀가 책을 재미있게 읽을 것인가 고민을 해봄직 하다.

예를 들어, 만화책을 좋아하는 아이라면 만화와 글로 된 책, 또는 중간중간 글이 있는 책을 권해 보는 것도 괜찮고, 책을 대충대충 빨리 읽어 버리고 마는 아이에게는 책 속의 주인공과 교감할 수 있도록 천천히 여유 있게 읽도록 지도하는 것이 바람직하다. 이왕이면 저학년의 자녀에게는 이야기와 동화 프로그램, 위인전 등을 읽히고, 고학년으로 올라갈수록 논술을 대비한 사회적 이슈에 관한 독서를 권하는 것이 좋다.

이와 같이 자녀의 인지력에 맞고, 연령대에 맞고 학년에 맞도록 자녀의 독서 지도를 함에 있어서, 먼 안목으로 자녀에게 매일 아침, 하루 10분씩 독서하도록 권유해 보자. 하루에 10분을 독서에 투자하면 1년에 50시간 안팎의 시간을 책 읽는 시간으로 사용할 수 있다. 이처럼 매일 10분 책읽기를 고교 졸업 때까지 실천한다면 모두 600여 시간을 독서에 사용할 수 있으며, 약 240권(1만8천 페이지) 가량의 책을 읽는 것이 가능하다.

책읽기에는 따로 왕도가 없다. 거북이처럼 천천히 내용을 곱씹으며 정독하는 독서법은 논술의 순간, 자녀들의 손끝에서 토끼처럼 재치 있는 글들이 쏟아져 나올 수 있는 바탕이 된다.

Part 3

전형 방법에 따른
대응전략

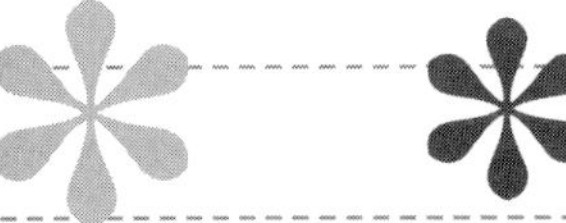

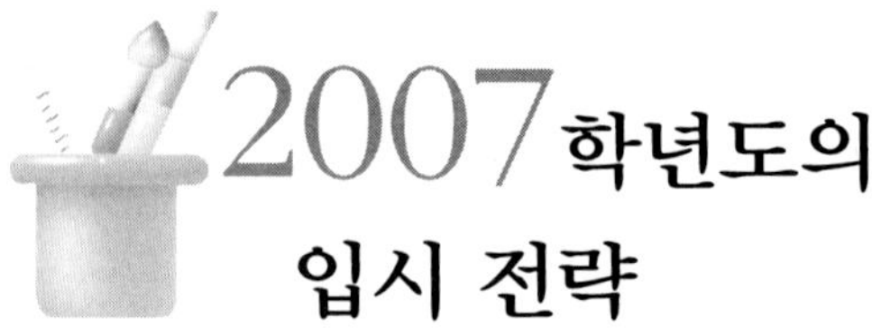

2007학년도의 입시 전략

2007학년도의 대입수능고사가 종래 시행하던 대학 입시제도의 마지막 적용을 받는 시험제도가 되었다. 그러다 보니 수험생 대부분이 자기 성적에 맞춰 대학을 들어가야겠다는 생각을 많이 하고 있다. 아울러 여느 해와 달리 특이한 점은 반수생(여름방학 전후부디 본격적인 대입 재수를 하는 현역 대학생을 일컬음)의 숫자가 가장 커서 고 3 재학생 규모의 과반에 이른다는 애기도 있다.

그만큼 경쟁이 치열해질 수밖에 없다. 2007학년도 수험생이 꼭 지켜야 할 몇 가지 주의 사항을 살펴보자.

◉ 모의, 수능 기출문제를 꼭 풀어 보라

하반기로 접어들면서 그동안 갈고 닦은 실력을 실전과 같은 사고(Mind)로 수능 기출문제와 전국 규모의 모의고사를 최근 3년분 정도를 풀어 보는 것이 좋다. 이는 출제 경향에 가장 근접하는 방식과 빈출문제의 파악에 절대적으로 도움이 되기 때문이다.

다만, 시사성이 떨어지거나 교과 개편에 따른 범위 밖의 문제는 다룰 필요가 없으며, 새 교과과정에 새로 편입된 단원들은 오히려 출제 빈도가 높음을 유의해야겠다.

⬡ 언어영역

2006학년도의 언어영역이 쉽게 출제되었기 때문에 올 2007학년도의 언어영역은 다소 어렵게 출제될 전망이다.

그간 5년 동안 난이도에 있어서 줄곧 어렵게 출제된 영역이 언어였으나 지난해만 다소 쉽게 출제되어 언어에 목숨건(?) 수험생들이 대거 피해를 본 경우가 많았다.

듣기 평가에 있어서 종래의 단순 전달방식에서 일상 쌍방 대화, 강의, 회의, 방송 내용 등 다양한 콘셉트로 제시하고 있는 추세라서 나름대로 이런 부분에 있어서 적응을 잘 해야 한다.

문학은, 교과서 밖 지문이 계속 증가 추세에 있어서 교과서를 갖고 단순 암기하는 방식은 문제풀이의 한계를 가져올 수 있기 때문에 타 참고서를 이용하여 다양한 문제를 풀어 보는 것이 좋다.

⬡ 수리영역

수학은 다른 어떤 과목보다 변별력이 높은 만큼 하반기에도 지속적으로 매일 1시간 이상(개인에 따라 차이를 둠) 여러 형태와 여러 단원들의 문제를 풀어 본다. 이제는 특정 단원의 집중적 학습보다는 모든 단원에 골고루 융합 내지 가미된 형태의 문제를 풀어 보는 것이 좋다.

도형과 연계된 문제나 실용수학 부분의 변별력이 특히 크므로 이런 문제들을 다룬다. 실용수학을 전문적으로 다룬 교재를 구입하여 문제 적응 능력을 기르는 태도 또한 중요하다.

상당수 학생들이 문제가 장황하고 첨부된 도표나 그림, 자료들을 끼워 출제한 부분에서 집중적으로 많이 틀리게 되는데 바로 이런 학생들을 치유하는 가장 좋은 학습법이라 할 수 있겠다. 또한 오답노트를 꾸준히 작성하고 계속적으로 활용하면 좋을 것이다.

오답노트는 시간 절약 효과와 최종 점검이라는 매우 커다란 효과를 준다.
오답노트는 최근 3개월 이내의 문제 정리만 다루도록 권한다.
더 오래 전에 작성해둔 오답노트는 잊어도 된다.

⬡ 외국어영역

최근 몇 년간 가장 큰 변화라면 문법과 어휘 문제가 가미되었다는 점이다. 문법 중에는 동사의 활용과 생략 구문의 완전한 문장 생성이 주류를 이룬다. 약간의 문법 학습은 도움이 된다. 그러나 지나칠 정도의 문법 학습은 이 시점에서 적합하지 않다.

듣기는 육하원칙(5W1H)에 의거한 상황 인식 문제들이 대부분이므로 듣기할 때 특정한 시간이나 숫자(Number), 장소 등이 언급될 때 특별히 귀담아 들어야 하겠다. 의외로 듣기 평가가 까다롭게 나오는 해에는 영어의 변별력이 매우 컸던 점을 비추어 볼 때 2007학년도의 외국어 영역이 그다지 쉽지는 않을 듯하다.

⬡ 사탐,과탐영역

서울대 등 일부 상위학과만 3＋1 체제를 적용하고 대부분의 대학들이 2＋1 제도를 시행하는데 자기가 가려고 하는 목표 대학의 적용 과목을 집중적으로 학습한다.

최근 사,과탐 문제들의 주요 특징이라면 도표, 그림, 그래프 등을 자주 활용하는 문제들이 많다는 점이다. 그러나 다행히도 교과서 내의 자료들을 기본적으로 활용하며 여타 자료가 가미된 형태들이라 갑작스레 접한 자료에 당황하는 일은 없을 것이다.

시사성을 띠는 문제들이 많이 출제되는데 최근 6개월 정도의 주요 이슈화된 사건이면서 학습 내용과 연관성을 갖는 문제들에 유의하며 학습한다. 물론 신문이나 인터넷을 통해 이런 자료들을 활용하여 학습하길 바란다(새만금 간척사업의 허와 실, 홍수방지를 위한 다목적 댐의 기능, 지구 온난화, 6자회담, 바이오 생명과학).

아울러, 과학 시사 잡지를 입수하여 주요 자료들을 스크랩하여 이 부분에 대한 연관 단원을 찾아 학습하면 분명 남들과 다른 수확을 얻을 수 있다.

올 2007학년도의 수능고사는 각 대학 전형에 표준 점수 내지 원점수로 그대로 반영되는 마지막 제도이므로 수능 점수를 잘 따는 수밖에 없다. 물론 학교 내신이 우수하여 수시모집을 이용할 경우에는 합격이후 등록을 않더라도 번복이 불가능하므로 소신 지원을 하여 후회하는 일이 없도록 잘 선택하여야겠다.

아울러, 입시 제도가 대폭 바뀌는 첫해에는 재수생의 합격률이 급감함을 인식하고, 2008학년도는 거들떠 보지도 않겠다는 자세로 2007학년도 수능에 임하길 바란다.

2008학년도의 입시 대비

최근 15년 동안 대학입시의 큰 틀이 네 차례 이상 변화되었다. 그러나 다가오는 2008학년도부터는 가히 혁명이라 할 만큼 큰 변화가 생긴다. 학생부성적(내신제도)과 수능성적 표시방법이 9등급으로 바뀌며 논술고사의 이름을 빌린 대학별 고사가 커다란 변별력으로 작용하게 되었다.

수능고사의 영향력 약화

수능고사의 표준점수와 백분위점수(百分位點數, Percentile rank : 특정 집단의 점수분포에서 한 개인의 상대적 위치를 나타내는 유도점수)는 밝히지 않고 등급별로 학생 수를 표시하게 된다. 수능성적은 자연히 동점자가 많아지면서 변별력이 약화된다. 서울대와 포항공대 등은 수능성적을 점수화하지 않고 최소 지원 자격으로 활용할 방침이다.

반면 나머지 대학들은 수능 9등급제를 활용하여 점수화할 것으로 예상되어 여전히 수능고사의 중요성은 상존한다고 볼 수 있다. 그러나 2007학년도까지의 수능 전횡적 비중에 비하면 다소 약화될 전망이다. 대부분의 대학에서는 고교간 학력 차이를 반영하지 못하는 내신 제도의 문제점을 보완하고자 내신의 실질 비중을 낮추고 수능을 통해 점수화할 공산이 크다. 이렇게 하면 수능성적도 제법 비중 있는 무기가 된다.

수능이 점수제가 아닌 등급제가 된다는 것은 언뜻 생각하면 두리뭉실한 대표점수를 부여받으므로 수능의 득점이 1점보다는 2점을 더 따려는 노력이 큰 필요가 있겠느냐 하는 의문을 가질 수 있다. 그러나 사실은 더 무서운 작용을 할 수 있다.

그 1~2점 차이로 인해 1등급에서 2등급으로 추락하면 대학 지원의 게이트(Gate)는 천양지차가 되기 때문이다.

◉ 내신의 비중 강화

2008학년부터 도입되는 학생부 9등급제는 내신 점수 거품효과는 줄일 수 있으나 학교간 학력 격차를 제대로 반영하지 못하는 맹점이 있다. 그러나 교육 당국은 오히려 이런 학력 격차를 인정하지 않겠다는 주장을 유지하고 있다. 당연히 상위권 대학은 학생부 성적의 비중을 낮추고 다른 전형요소의 비중을 높이려는 계획이다.

서울대학교는 예체능 과목을 평어로 '우' 이상이면 만점 처리하고, 다른 과목은 과목별로 석차 백분비율로 10%까지 만점을 부여하겠다는 입장이다. 이화여자대학교는 '우' 이상만 받으면 만점을 주겠다는 계획이다. 이런 추세대로라면 일반 인문계 고교 학생들끼리는 학생부 성적 차이가 거의 없게 된다. 다만 상위권 대학을 제외한 많은 대학은 학생부 석차에 의한 9등급으로 학생부가 입시 당락에 미치는 영향력이 커질 가능성이 많다.

⬡ 다른 전형 요소의 비중 강화

한때 교육 당국에서는 대학별 본고사 시행을 강력 저지한 적이 있다. 자칫 사교육의 부작용을 우려해서이다. 그러나 종전 입시제도상의 수능이나 학생부 성적만으로는 공정한 변별력 확보가 불가능했기에 이를 신뢰하지 못하는 대부분의 대학이 적합한 대학별 고사를 제시하고 있다.

수시모집에서 많은 대학들이 면접 구술고사를 실시하거나 학생부 성적은 1단계 전형 자료로 활용하고 2단계에서 면접 구술고사를 시행한다는 방침이다. 서울 소재 대부분의 대학은 수시와 정시 모두 논술고사를 준비하고 있다. 앞으로 이런 추세는 더욱더 강화될 전망이므로 수험생 저학년의 경우는 논술고사에 대한 평소의 대비가 필요하겠다.

⬡ 대학별로 본 논술 모델

고려대학교와 이화여자대학교의 언어 논술, 수리 논술은 언뜻 보면 대학 본고사 같은 느낌을 준다. 다만 수리 논술의 경우, 실용 수학의 소재를 갖고 순수 수학의 이론이 도입된 형태를 띠게 되며 이에 대한 사전 준비운동이 부족한 수험생들은 문제 파악조차 제대로 못할 수도 있어 주의가 요망된다.

중앙대는 학업 적성 논술고사, 경희대와 한양대는 적성검사를 통해 간접적으로 학생들의 논리적 사고력을 측정하겠다는 입장이다. 2008학년도는 새입시제도의 시험대가 되며 준비한 수험생과 그러하지 못한 수험생 간에는 다른 어떤 해보다 커다란 격차가 생길 수 있다.

수험생은 물론 학부모도 인터넷이나 각 대학에 직접 문의하여 지원하고자 하는 대학의 입시 정보를 확보하는 것이 중요하다. 아울러 수험 초기부터(이는 고 1일수도 있고 중학교 저학년부터일 수도 있는 가변성을 띠는 표현임) 교과 통합형 학습에 익숙하도록 학부모는 측면 지원을 고려해 주어야 하고 평소의 학교 공부에 충실하도록 지원해 주어야 한다.

수시·정시 무엇으로 갈까

2007학년도까지는 수능성적과 학생부(내신) 성적이 모두 반영되지만 2008학년도부터는 대부분의 대학이 학생부 성적의 형식적 반영 비율이 월등히 높아진다.

아울러 대입 수시모집 비율이 해마다 증가되어 2008학년도에는 총 입학 정원의 50%를 상회할 전망이다.

당연히 재수생보다는 재학생이 유리하며 평소 내신 관리가 매우 중요하다고 할 수 있겠다. 그렇다면 '나의 경우 무슨 전형으로 들어갈까?' 고민해 볼 수 있는데 마치, 수학 공식처럼 원리는 간단하다.

◉ 학생부 룰루랄라 /수능 모의고사 주룩주룩

이런 경우 당연히 수시모집을 탐험한다. 적어도 3~4개 대학을 탐색해 볼 수 있는데 전형 일자가 중복되지 않는 범위에서 잘 선택

한다. 물론 소신 지원하되 합격 후 번복이 안 되므로 후회하지 않을 학교와 학과를 선택해야 한다. 한 학생은 수능에 대한 공포감으로 일찌감치 수시모집으로 공대를 지원하였는데 자기보다 못한 친구들이 의과 대학을 다수 진학하는 것을 보고 충격 받게 되어 곧바로 대학 진학을 포기해 버리고 재수하는 예를 보았다. 그 학생을 상담해 본 결과, 학생의 학부모가 수능 불안감으로 수시모집을 자꾸 종용하였다고 한다. 그 학부모는 자식으로부터 원망 들으며 살아갈지도 모를 일이다.

그래서 수시모집은 충분히 소신지원을 하되, 수능고사일 임박해서 또는 직후에 면접 구술고사 준비가 따로 필요하게 되어 수능학습에 다소간 지장을 줄 수 있음을 유의해야 한다. 아울러 부모가 자녀에 대해 수능 불안감을 지나치게 조성하면 갑작스럽게 수시로 전환하여 약간의 하향 지원을 하는 경우가 생기니 이 점도 심사숙고하여 결정할 일이다.

◎ 수능 모의고사 룰루랄라/학생부 주루룩

이럴 때는 별 뾰족한 방법 없이 수능성적에 의한 정시 모집으로 지원한다. 남들이 수시모집에 지원하는 것을 보고 덩달아 하는 것은 마치 '거름지고 시장 가는 격'이 된다. 오히려 수능공부에 방해만 받게 되어 둘 다 망치는 결과를 초래할 수 있다. 또한 수시모집의 실패에 대한 좌절감이나 특정대학에의 공포감으로 정시모집에 하향지원하는 우를 범하기도 한다. 그러나 고 3 올라가서 처음으로 보게 되는 모의고사 성적이 매우 중요한 변수이며 아울러 다달이 거듭되며 완만한 상승 커브나 격차 없는 우량곡선이 마지막 수능 성적의 성공을 예견한다. 그러므로 성적 기복이 심하거나 하향 커브를 그릴 때에는 대입수능고사가 난이도나 당일의 신체적, 정신적 컨디션에 따라 성적이 많이 좌우되니 조심해야 된다.

⬡ 학생부=수능 모의고사(모두 룰루랄라)

이때는 수시모집의 상향 지원이 필요하다. 절대로 눈치작전을 하지 말고 뚜렷한 소신으로 배짱 지원해야 한다. 그러하지 않으면 반드시 후회하게 된다. 앞으로 계속적으로 수시모집 비율이 증가될 것이므로 평소 나의 스타일이 어느 쪽인지를 파악하여 고 3 여름방학 전에 입시 스타일을 결정하는 것이 좋다. 아울러 학부모는 그에 맞게 측면 지원을 해야지 절대로 정면에 나서서 무리한 스타일을 고집하다 보면 반드시 시행착오 뒤의 후회를 하게 될 것이다.

  2007학년도 수시모집 및 2008학년도 이후의 입시에서 서울대학교, 연세대학교, 고려대학교, 서강대학교, 이화여자대학교 등의 주요 대학들이 통합교과형 논술 예시 문항을 발표하였다. 주요 대학들이 각 계열별로 5문항 내외를 출제하여 각 과목간의 교양과 지식을 유기적으로 연관하는 능력 및 종합하는 역량을 평가하기 위해 기존 논술과는 다른 새로운 개념의 통합논술형이 출제된다. 이런 통합교과형논술은 분석적이고 창의적인 능력을 중시하는 교육이고, 결과보다는 과정을, 닫힌 교육이 아닌 교과목간의 열린교육을 필요로 한다.

  주요 대학에서 발표한 통합논술 예시형을 분석하면 다음과 같다.

  2008학년도의 대학입시를 보게 되는 학생들부터는 통합논술의 비중이 입시당락에 결정적일만큼 높으므로 이 부분에 대한 절대적인 대책이 필요하겠다. 물론 이런 대책은 하루아침에 갑자기 이루어지는 것이 아니라, 빠르면 중학교 저학년부터 준비해야 한다.

⬡ 자연계열 통합논술

자연히 수학적 지식을 바탕에 깔고 이를 실생활에 활용하는 문제들이 주류를 이루고 있다. 다만 과거의 본고사 유형과는 다른 형태로 수학적 추론 능력을 요구하는 문제들이 많은데, 경우에 따라서는 정답이 없이 여러 형태의 사고와 분석을 나름대로 제시하면 좋은 점수를 얻을 수 있는 그런 형태의 문제도 제시되고 있다.

서울대학교의 경우 포물선과 쌍곡선의 기본개념을 필요로 하는 문제, 지구과학적 개념을 수학과 연관한 문제, 뉴턴의 물리학적 이론이 수학의 미적분과 연관된 문제, 실생활과 다양한 영역의 과학 원리를 통합한 문제 등을 모의고사 예시문으로 제시하였다.

연세대학교의 경우, 수리와 사회통계적인 능력을 묻는 문제, 우리나라의 인구변화가 미래사회에 어떤 파장이 미치는지, 또한 수리와 언어를 동시에 평가하는 문제도 제시되었다.

고려대학교의 경우, 언어논술과 수리논술을 유기적으로 결합하지 않고, 각각 별도의 문항으로 구성하여 다른 대학과는 대조를 보이고 있다. 즉 제시문을 토대로 과거 일정 시점의 황사농도를 추정하고, 사막화가 계속 진행될 경우, 예측되는 피해 상황을 밝히고 향후 조림사업의 필요량을 수치화하여 답을 내는 문제들이 선을 보였다.

⬡ 인문계열 통합논술

인문계열의 경우는 어느 대학도 중복되지 않을 정도로 제시문들이 사회 · 정치 · 문화 모든 분야에 골고루 제시되었다. 통합논술 예시문항에 드러난 특징은 과거의 단순 자료에서 탈피하여 통계도표, 지도, 그림, 그래프 등의 시각 자료로 다양화되었고, 사회교과 중심의 내용에서 문학작품이 가미된 형태, 즉 사회와 환경, 언어와 예술, 윤리와 과학의 조화로 다양화되었다. 그래서 제시문이 여섯 개까지 늘어나고 전교과의 종합적인 능력을 평가하는 의도가 분명히 제시되었다.

아울러 내용면에서 수리논리적 사고를 요구하는 문제도 제시되었는데, 언어와 수리를 유기적으로 연결시키는 다면평가형 문항이 출제되었으며, 인문학적 사고를 바탕으로 자연과학의 분석력과 수리적 능력을 결합하여 글로 구성하는 논증능력을 요구히는 문항들이 출제되었다.

서울대학교는 사회경제적인 판단과 기저에 깔린 수리논리적 분석력을 요구하는 문제가 제시되었고, 연세대학교는 삼각형의 무게중심이 갖는 수학적 개념을 밝히고 이를 빈부격차라는 사회적 문제에 적용 해석하는 문제가 제시되었는데, 인문계열의 경우도 수학적 기본 지식을 필요로 한다는 점에서 앞으로 통합논술에 대한 포괄적이고 전문화된 수학적 지식이 필요하다.

이번 예시문항의 또 다른 특징 중 하나는 교과서의 기본개념을 충실히 학습하도록 요구하고 있다는 점이다. 교과서의 지문을 발

췌하여 각 교과간의 유기적인 통합을 추구하는 문제가 다수 제시
되었다.

⬡ 수리과학 영역

인문계와 자연계 할 것 없이 공통된 특징 중 하나가 수리과학을
인문·자연과학에 접맥시켰다는 점이다. 이 접맥에는 크게 2가지
수학적 지식을 필요로 하는데, 하나는 추론과 또 하나는 최적화 이
론이다.

추론은 종전의 논술에서도 자주 출제된 이론으로서 추론의 적합
성 검토 능력을 평가하는 데 그쳤으나 이제는 한 단계 더 나아가
이를 실생활에 응용하기 위해서 어떤 선택이 가장 적합한 판단인
지를 최적화 이론으로 무장하였다.

어떤 대학에서는 특정 상황을 제시하고 이를 수학적 수리로 분석
하면 '갑'이라는 결론이 나오게 되나, 이를 경영학적 사고, 정치학
적 사고를 가미시키면 '을' 내지 '병'이 최적화 결론에 도달하는
그런 형태의 문제가 제시되어, 향후 몇 년간은 이런 유형에 익숙하
지 않은 이유 때문에 상당히 당황하게 되거나 결과적으로 고전하
게 될 수 있다.

인문계·자연계별로 위에 밝힌 것처럼, 각 교과목간의 통합적 사고력과 지식을 요구하기 때문에 종전의 단순 암기식 교육보다는 각 교과목을 넘나드는 종합적 사고력을 키워야 한다.

특히 교과서의 그래프, 도표, 지도 등에 사용된 기본개념을 정확히 파악하여 통계자료, 수학의 수리적 개념을 실생활에 활용하는 패턴이 어떤 것이 있을까 나름대로 연구·분석하는 습관을 들여야 하겠다. 아울러 제시문을 정확히 읽고 요약하는 태도가 필요한데, 그 속에 담긴 문제의식과 논자의 주장하는 바를 잘 끌어낼 수 있는 지혜가 필요하다.

결국, 통합논술의 근간은 과목별로 분리된 지식보다는 이를 실생활에 활용하는 능력을 요구한다는 점에서 학생이나 학부모가 도서관이나 서점을 직접 방문 또는 인터넷 검색을 통해 실용수학 문제집과 통합논술 교재를 입수하여 다양한 형태의 문제들을 풀어보는 것이 좋겠다.

또한 논술의 외형적 득점 관리를 위해 문법, 적절한 어휘의 구사, 철자 및 적당한 한자어와 고사 성어 등도 학습을 해두어야 다른 학생들과 차별화된 변별력을 키울 수 있다.

전문지식을 요구하는 논술 아닌 논술

　　종전의 논술은 언어 영역의 한 부분으로 인식되어 왔지만 최근에는 전문영역의 논술로 변화되었다. 다시 말하면, 수학, 과학, 사회 전반에 관한 문제를 논술화시킨 것으로 결국은 종래의 대학 본고사 유형의 문제로 생각하면 쉬울 듯하다.

　　한 예를 든다면, 한강 수질 오염도를 측정하기 위해서 BOD(생물학적 산소 요구량)의 값을 제시한 후, 향후 몇 년 후면 한강 수질의 오염상황이 한계에 이를 것인지를 수학적 논리성을 갖고 풀어나가면서 설명하는 형식이다. 이는 결국 하드웨어 측면의 논술이라기보다는 소프트웨어적인 이해도를 측정하는 논술이라고 생각하면 편하겠다.

　　일반적으로 각 대학에서 항상 출제되는 '약방의 감초격' 문제들이 있는데, 몇 가지만 열거해 보면 다음과 같다.

- 한국의 부동산 정책과 그 허실(虛實)
- 사립대학의 기부입학금제도에 관한 찬반양론
- 배아줄기세포의 응용과 한계
- 오존층 파괴와 환경오염의 결과와 인간수명

논술에서 또 하나 유의할 점은 인문계든 자연계든 한자 공부를 어느 정도 습득해 두는 것이 좋다. 특히 고사 성어와 현재 상황에 부합시킬만한 연관성 있는 한자 단어를 최소한 100개 정도는 기억하고 한자로 쓸 줄 알아야 한다. 논술답안 작성 시 적절한 고사 성어를 한글과 병용 작성한다면 단순 한글로 작성한 경우보다, 비교적 높은 점수를 받을 수 있기 때문이다. 아울러 공자(孔子)가 연령대별로 나이를 지칭하는 표현도 알아두면 매우 유용하게 사용할 수 있다.

공자의 나이 표현 특징과 의미는 다음과 같다.

나 이	표 현	뜻
15세	지학(志學)	공자가 15세에 학문(學問)에 뜻을 두었다는 데서 유래
20세	약관(弱冠)	결혼 전의 신체적, 정신적으로 성숙해 가는 단계
30세	이립(而立)	공자가 30세에 자립(自立)했다는 데서 유래
40세	불혹(不惑)	공자가 40세에 모든 것에 미혹(迷惑)되지 않았다는 데서 유래
50세	지명(知命)	공자가 50세에 천명(天命:인생의 의미)을 알았다는 데서 유래. '지천명(知天命)' 의 준말
60세	이순(耳順)	공자가 60세가 되어 어떤 내용에 대해서도 순화시켜 받아들였다는 데서 유래
70세	종심(從心)	공자가 70세에 마음먹은 대로 행동해도 법도에 어긋나지 않았다는 데서 유래. 종심소욕 불유구(從心所欲 不踰矩)의 준말

　이러한 한문 구사 능력은 논술 주제가 약간의 연관성만 있기만 해도 중요하다고 할 수 있다. 이를 숙지하면 높은 점수의 득점을 쉽게 받을 수 있는 좋은 기회가 된다.

　한국의 고 3 수험생은 어느 가정이든 상전 대접을 받는다. 이는 학교의 학업생활에 너무 바쁘고 개인적 여유를 부릴만한 시간적 여유가 없기 때문일 것이다. 보호자가 어느 정도 수능에 필요한 자료를 발굴하고 수집하는 것을 도와준다면 수험생이 더욱 효과적으로 학습할 수가 있다. 특히 이런 논술 대비는 더욱 그렇다.

　매스컴이나 인터넷에 등장하는 용어 중 사회적 이슈가 되고 있는 사자성어(四字成語)를 학부모가 수험생들에게 챙겨주면 공부하는 데 많은 효과를 발휘할 수 있다.

면접 구술이 실제 당락을 좌우한다

    종전에는 입시 위원들과의 면접은 상투적, 형식적 통과의례로 해오던 것이었지만 몇 년 전부터는 실질적 계수화를 통해 입시 당락 여부에서 수능점수 이상의 큰 변별력을 가지게 되었다.

    실제 필자가 지도하고 있는 학원에 다니던 한 고 3 수험생은 수능점수 상위 1%에 들었음에도 불구하고 면접 당일에 면접위원에게 인터넷 전문용어(방가! 안냐세여, 하이루 등)와 속어체 용어를 의식 없이 빈번하게 구사하는 바람에 결정적으로 감점을 받게 되어 명문대학 진학에 실패한 사례가 있다. 이 부분은 그 당시 면접 위원으로 위촉된 해당 교수가 어느 매스컴에 이런 학생의 실패 사례를 발표하면서 문제점이 파악되었다.

    효율적인 면접 요령이라면, 첫째 적극적 정신자세(PMA: Positive mental attitude)가 필요하다.

    설령 면접 위원이 던지는 질문에 요지를 제대로 파악을 못했다

하더라도, 정중하게 그 질문을 약간의 힌트를 요구하는 형태로 재질문을 하면, 오히려 좋은 점수를 받을 수 있는 기회가 되기도 한다. 그러나 대부분의 학생들은 3:1(세 명의 면접 위원 : 수험생 단독)의 위축된 분위기 탓으로 알고 있던 것도 당황하여 제대로 설명을 하지 못하고 머뭇거리거나 얼굴색만 붉히다가 결국 결정적인 감점을 받게 된다. 그런 실수를 하지 않기 위해서 다음 상황을 잊지 말아야 한다.

◉ 첫째, 평소에도 적극적인 정신태도를 갈고 닦자

이는 수험생 스스로 관리하기보다, 주변인(학부모, 입시관련 당사자)의 조력을 받는 것이 훨씬 효율적일 수 있다.

가정에서 부모가 지시성 발언을 하는 경우가 대부분이지만, 수험생 자녀가 스스로 이러이러한 대화가 나오도록 유도하는 발언을 해줌으로써 평소 수험생 스스로 논리성을 기르는 효과를 줄 수 있다.

◉ 둘째, 결론을 먼저 밝히는 자세가 중요하다

예를 들어 '사립대학의 기부입학금제도에 관해서 본인의 의견은 어떠하냐?' 라는 질문을 받았을 때, 많은 학생들이 상황설명을 길게 발언한 이후에야 자신의 결론을 말하게 된다. 그러다 경우에 따라서 면접 위원이 딴지(제동)를 걸면, 수험생이 당황하여 본인의 의사와는 반대로 중도에 답변의 요지를 거꾸로 말해 버리는 실수를 하게 되는 경우도 있다.

모 대학교는 해마다 이와 같은 문제를 형태만 조금씩 바꾸어 수험생들에게 면접 문제로 출제한다. 그 답변에 학생 본인이 찬성 쪽으로 의견을 피력하다 교육형평의 원리와 금권교육의 상반성에 대해 면접 위원의 의견이 토론 중간에 개입되면, 갑자기 이런 제도에 대한 수험생의 의견이 찬성에서 반대로 바뀌는 답을 하다가 치명적인 감점을 받는 사례가 비일비재하다.

이러한 경우 우선 질문에 대한 논지를 충분히 생각하였다가 결론을 먼저 밝히고 그 결론에 대한 보완, 보충설명을 짧게짧게 끊어 구어체 형식으로 답변을 하도록 한다.

⬡ 셋째, 상투적인 답변은 피하고 예상 문제에 대한 정리를 해둔다

한 예로 모 대학의 면접위원이 언론에 밝힌 바에 의하면, 똑같은 고사성어와 똑같은 결론을 무려 30% 이상 답변한 사례가 있다. 이러한 경우는 추측컨대 예상되는 질문에 답변을 만들어 놓은 시중 참고서를 그대로 암기 인용한 것이라고 보아진다.

이러한 오류를 범하지 않기 위해서는 수험생 스스로 독창성을 배양하고 자료를 충분히 설명할 수 있는 능력을 키워야 한다. 좋은 자료 중에는 외국의 유사한 사례에 대한 정보를 인터넷 등에서 검

색하여 면접 시 이를 밝혀준다면 유사한 답변을 하는 다른 수험생
은 아마도 없을 것이다. 분명 이런 학생은 높은 점수를 얻게 된다.

혹시, 면접 위원이 던진 질문에 대한 지식이나 정보가 부족하여
답변을 할 수 없을 경우에는 거꾸로 면접 위원에게 힌트를 받을 수
있는 질문을 던져라. 이럴 경우, 거부하는 면접위원은 거의 없다.
그러면 비교적 도움이 되는 힌트를 받게 되고, 즉흥적으로 떠오르
는 생각들을 나타내되, 논리적이고 합리적으로 표현하도록 노력을
해야 한다.

또한 평소 성격과 연관된다고 볼 수 있는 데, 수험생 중에 의자에
앉아서 양다리를 덜덜 떤다든지, 허리를 좌우 또는 앞뒤로 흔들어대
는 태도는 지양해야 한다. 면접 태도는 전문적 지식을 요구하는 항목
이외에도 수험생의 인성과 자질을 검증하는 테스트이기 때문이다.

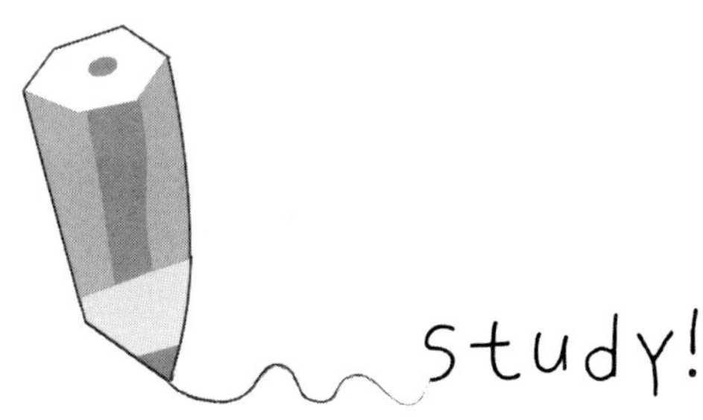

심층 면접,
어떤 문제들이 나오나

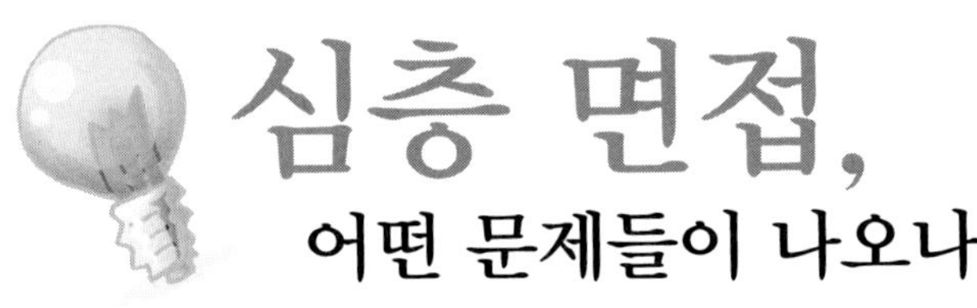

각 대학에서 학생부 성적에 대한 공평한 평가의 문제점을 보완하고자 심층면접 구술고사를 시행하고 있다. 특히 수시모집에서는 결정적 영향력을 미친다. 심층면접 문제는 대체로 크게 세 가지 주제 중에서 나온다. 첫째는 그 당시 사회적 이슈가 되고 있는 시사적 견해, 둘째는 전공별로 꼭 필요한 기초 상식, 끝으로 학생의 대학 수학 자질 평가이다.

경우에 따라서는 위의 세 문항 모두 요구할 때도 있다.

모 대학에서는 '사립대학의 기부입학금제도'에 관한 학생의 의견을 줄기차게 거의 매년 질문하는 예도 있다. 아마 그런 상황이 오기를 절실히 고대하는 것인지도 모르겠다. 여자대학에서는 여성 해방, 여성의 사회적 지위의 우위성 추구 등에 관한 문제들이 자주 예시되고 있다.

이런 면접 구술방식은 서구 대학에서는 보편화되어 있어 예시 문제도 기본적 소양부터 전문성을 띤 전공분야까지 아주 세밀하게 측정하고 있으나 아직 우리 교육 현실에서는 완벽한 평가를 내릴 만큼 예시문이 포괄적이거나 다양화, 전문화되어 있지 못하다는 평가를 받고 있다.

교육 행정당국은 각 대학별고사 문제에서 구체적인 답이 획일적으로 도출되는 유형으로 출제하지 못하도록 요구하고 있다. 자연히 포괄적이고 다양화된 답변이 나올 수밖에 없다. 특히 2007학년도에서 출제 가능성이 매우 높은 한미FTA협상과 관련하여 시사성이 있는 부분을 별도 학습하면 좋을 것이다. 최근 각 대학에서 출제한 면접구술고사의 예문은 다음과 같다.

 **자연계열**

- 자연대수 e가 유도되는 경위는?
- 상염색체상의 유전자 이상으로 인해 생기는 대표적 질병은 무엇이 있는가?
- 미분가능과 불능의 요건은 무엇인가?
- 정적분과 그래프 그리기
- 줄기세포와 인간 윤리의 연관성
- 타원, 쌍곡선과 초점의 실용영역은 무엇이 있는가?

 **인문계열**

- 한류 열풍의 허와 실은 무엇인가?
- 영화 산업에서 Zero sum game과 Non-zero sum game을 설명하라.
- 조기 영어교육, 바람직한가?

- FTA협상, 국익과 사익의 관계를 설명하라.
- 편집과 언론의 자유를 어디까지 인정할 수 있는가?
- 인터넷 언어가 왜 나쁜가?

비교과 성적관리를 해야 하나

　　각 대학마다 비교과 부분에 대한 성적 반영을 차별화하여 어떤 대학은 수시에만 활용하기도 하고, 또 어떤 대학은 수시와 정시 모두에 활용하되 단순 결격 사유 대상자를 가려내기 위한 자료로 활용하기도 한다. 그다지 입시전형 자료로 큰 영향을 주지는 않지만, 자격 요소 및 동점자 처리 등에 영향을 준다는 점에서 이 또한 등한시할 수 없다.

　비교과 영역은 크게 다섯 가지로 나누어지는데, 특별활동(특활), 봉사, 출결, 수상 및 자격증이다.

　특활은 대체로 교내 및 교외의 비교적 가까운 곳에서 학교 방과 후에 치르는 활동이다. 이때 불참하는 경우 가장 큰 손해를 보게 된다는 점에서 참가적 의미가 강하다. 아울러 조별 조장, 반장, 부장 등의 직함(?)을 갖는 것도 단 1점이라도 더 가산점이 부여되는 효과가 있으니 이 점도 참고하는 것이 유리하다.

봉사는 형식적 내용보다도 실질적 봉사를 추구한다. 필자가 생각해 보건대 실질적 봉사라면 거주지에서 가까운 곳보다는 먼 곳이 유리하고, 집에서 가까운 행정기관의 시간 때우기식 봉사보다는 3D 업종에서의 봉사를 의미한다고 볼 수 있겠다.

봉사활동은 총 20시간 내외를 요구한다. 한 학생은 고교 1학년 때부터 고교 2학년까지 매월 한 번씩 서울에서 강원도 양양의 모 양로원에 1박 2일 코스로 봉사를 다녔다. 이 학생은 한두 번 다니다 보니 내신 점수를 따기 위해서라기보다, 거기서 만난 한 불쌍한 무의탁 독거노인을 알게 되어 의조모(義祖母)로 모시게 되어, 여름방학 때는 매주 토요일마다 1박 2일로 다녀오는 모범 학생이었다.

처음에는 이 학생의 아버지(모 유명대학 교수)의 권유로 양로원을 찾아가 봉사하게 되었는데, 지금은 이 학생이 더 적극적으로 자율적인 봉사활동을 하고 있다. 물론, 그 학생은 서울법대를 합격하여 지금 재학 중에 있으며, 한 가지 특이한 것은 이 학생의 남매가 모두 이와 같은 봉사를 하고 있다. 이처럼 봉사활동은 단순 점수 따기 형태에서 벗어나 이런 활동을 하다 보면, 실질적으로 새로운 인간관계, 또 다른 세상을 만나게 되어 학생들의 자아실현에 큰 부수적 효과를 얻을 수 있다는 점에서 권장할 만한 일이다.

출결의 경우는 사고결석 11일 이상이 발생하지 않도록 하면 된다. 이때 결과, 지각, 조퇴 3회이면 사고결석 1일로 간주되는데, 통상 결석 1일보다 앞에서 말한 지각, 조퇴 등 3회의 사유가 해당 담임교사에게는 나쁜 인상으로 비쳐질 수 있어, 내신 관리상 또 다른 불이익을 받을 수도 있음을 유의해야 한다.

수상의 경우는 전국 규모의 경시대회, 국제 경시대회 등이 유력하고 이 부분은 다른 반영 요소와 달리 구체적으로 점수가 제시된다는 점에서 객관적 자료로 삼는 대학이 많다.

최근에 재정경제원(財政經濟院, Ministry of Finance and Economy)과 KDI(한국개발원)가 공동 주관한 경제 경시대회에 고교의 우수한 저학년생을 중심으로 많은 학생들이 응시하였는데, 100점 만점에 평균 40점대로 나왔으니 그다지 쉬운 형태의 문제는 아니다.

특히 서울대학교의 경우는 토플이나 토익보다 텝스(TEPS : 의사소통 능력을 효과적이고 정확하게 측정할 목적으로 개발한 영어능력 평가시험)의 성적을 더 많이 참고하고 있다는 점도 고려해 보는 것이 좋다.

교내 경시대회의 경우 각 대학에서 참고자료로 쓸 수도 있으나, 구체적으로 반영하지는 않는 편이다. 자격증은 특별한 경우에만 반영이 될 뿐, 이에 대한 결정적 자격증은 고려하지 않는 것이 좋다. 수시모집에 이 자격증으로 대학 문을 두드리는 경우에 필요하다고 볼 수 있다. 비교과 성적 관리를 위해서 평소 생활의 합리화, 성실화 등을 측정하는 요소임을 감안하길 바란다.

"오랫동안 꿈을 그리는 사람은 마침내 그 꿈을 닮아 간다."는 프랑스의 대문호 앙드레 말로(Andre Malraux)의 말처럼 고교시절 교과 성적에만 의존하다 보면, 과연 그 학생의 꿈이 나중에 달성될까 하는 의구심이 생긴다. 이 의구심을 떨쳐 버릴 수 있는 요소가 바로 '비교과 영역' 이 아닌가 싶다.

연계 학습이란 무엇인가

2008학년도 대입전형 요강이 발표되면 내신으로 대학을 갈 것인가, 수능으로 대학을 갈 것인가 혹은 내신과 수능의 연계 전형으로 대학을 갈 것인가를 생각해 볼 수 있다. 다시 말하면 어떤 대학은 수능을, 어떤 대학은 내신만으로 반영하는 곳도 있고 또 어떤 대학온 수능성적을 상당수 반영하는 대학도 있다. 이 때 내신과 수능의 연계 학습은 두 마리의 토끼를 다 잡을 수 있는 방법으로 가장 효율적일 것이다.

내신의 비중이 커진 만큼 수험생들은 고등학교 1학년 때부터 학교생활기록부 성적관리를 철저히 할 필요성이 증대되었다. 그러나 각 대학들이 지원 자격기준으로 수능성적을 요구하는 만큼 내신과 수능시험을 연계하여 공부하는 수험생이 실수 없는 좋은 결과를 얻을 수 있다고 본다.

학생부 반영이 더욱 높아지며 수능과 논술을 준비하는 수험생들의 부담은 사실 더 커졌지만, 고 1 때부터 고 3까지 치러지는 12번의 중간·기말고사를 준비하며 서술형 문제에 철저히 대비해 내신 준비와 더불어 논술에 대비할 수 있는 지혜가 필요하다.

이때 학생부 성적이란 각 교별 중간·기말고사 성적을 합산하여 나타난 성적이 되는데, 50% 이상 각 대학에서 반영한다고 하더라도, 이는 단순 외형 반영률일 뿐, 실질 반영률은 10% 내외라고 보면 된다. 그래서 일부 입시 전문가는 내신 성적을 충실히 관리하되, 수능과 논술에 승부수를 걸어야 한다고 주장한다.

주요 대학들의 수시모집 선발인원이 계속 늘어나 총 입학 정원의 50% 선까지 육박하여 학생부 성적관리의 중요성은 더욱 커진 게 사실이다. 다만 각 대학들이 지원 기본자격으로 수능등급을 요구하기 때문에 중간·기말고사 성적을 합산하여 과목별로 부족한 부분을 더 메워 모든 과목의 등급을 원하는 바대로 산출되게 학습방법을 세우는 것이 바람직하다. 즉 중간고사의 수학을 망쳤다면 기말고사에서 수학을 다른 어떤 과목보다 더 신경 써서 중간·기말을 합산하는 제도상의 이익을 기대해 본다. 기말고사 때 특별히 수학을 신경 쓰라는 그런 의미이다.

통상 시기상으로 볼 때, 중간·기말고사 시험을 열흘 앞두고는 학교 내신에 집중하고, 학교 시험 직후부터는 또 다시 수능과 내신의 연계 학습이 바람직하다. 자연히 하반기로 접어들면서 내신보다는 수능에 더 많은 시간을 분배하여 최소 2회 이상 탐독한 상태로 수능대비를 하는 전략이 필요하다.

어떤 학생은 고 3 때 거의 매월 치러지는 모의고사를 홀대하는 경우가 있는데, 그래서는 안 된다. 모의고사를 잘 보는 학생이야말로 실전에서도 좋은 결과가 나올 수 있음을 명심해야 한다.

경우에 따라서는 내신과 수능이 구분 없는 영역도 있다. 과학과 수학이 대표적인 예인데, 특히 고 3은 학교 내신도 수능패턴과 유사하게 출제하며 그 내용 면에서도 수능 수준을 접맥시킨 문제들이 많다.

서울대학교는 예나 지금이나 학교 내신을 못 본 경우 그 대학을 통과하기 어렵게 만들어 놓았다. 서울대학교는 유난히 내신 성적과 해당 학생의 성실성을 동일시하는 특성을 보여준다. 내신 잘 보는 학생이 그만큼 성실하다는 의미이다.

불과 몇 년 전만 해도 음악, 미술, 체육의 성적까지 모두 실질적 전형자료로 활용해 왔다. 내신과 수능을 적당히 연계하여 학습하는 깃이 어느 대학이든 원하는 대로 갈 수 있는 유리할 입장이 될 수 있으므로 내신전용, 수능전용이라는 냉소 받는 학생이 되지 않도록 하자.

입시제도 잘못 알면 실격처리 된다

　해마다 40~50명 정도의 수험생들이 입시제도를 무시하다가 입학허가가 취소되거나 실격 처리되고 있다.

　예전에는 입시원서에 학교장 직인이 필수적 전제로 작성이 되었기 때문에 학교 담임선생님이 꼼꼼히 챙겨 보며 규정위반 여부를 한번 이상 확인할 기회가 있었다. 그래서 큰 과오가 없었으나 최근에는 대부분 수험생 본인이 직접 작성하여 인터넷으로 바로 원서를 접수하는 시스템으로 바뀌면서 이런 문제가 생겨나게 되었다. 원서 접수할 시점이 되면 반드시 해당 대학의 홈페이지를 직접 방문하여 두 눈 부릅뜨고 꼼꼼하게 확실히 확인을 하여야 한다. 전화 확인도 위험하다.

　전화는 사사건건 상황이 달라서 대학입학 행정 담당이 원칙적이고 피상적인 답변을 내릴 가능성이 크기 때문에 아무도 후일을 책임져 주지 않는다. 수험생이 지원하고자 하는 대학의 입시제도나 전형조건이 천차만별이므로 각 대학 홈페이지를 일일이 방문해야 한다. 그러나 이를 한 눈에 파악할 수 있는 곳이 '대학교육협의회'의 홈페이지이다.

여기에는 교차지원이 가능한 대학을 일괄적으로 볼 수 있는 사이트가 있는가 하면 수능고사를 안보고 대학지원이 되는 대학 등을 검색할 수 있게 되어 있다. 그러나 각 대학에서 관련 정보를 이 '대학교육협의회'의 홈페이지에 즉각 업데이트하지 않았을 수 있으므로 대학 홈페이지와 비교, 확인을 해야 한다.

참고로 2007학년도의 입시에서 금지 내지 제한되는 지원상황이 있는데 다음과 같다.

대입 복수지원 및 이중 등록 위반 주의

1) 수시 1학기 모집 대학(산업대, 전문대 포함)에 합격(예비 합격자의 경우 합격 의사를 밝힌 자 포함) 후 수시 2학기, 정시, 추가모집 대학(산업대, 전문대 포함)에 복수지원 금지

2) 수시 2학기 모집 대학(산업대, 전문대 포함)에 합격(예비 합격자의 경우 합격의사를 밝힌 자 포함) 후 정시, 추가모집 대학(산업대, 전문대 포함)에 복수지원 금지

3) 4년제 정시모집 대학 중 시험기간 군이 같은 대학에 복수지원 금지(일반전형과 특별전형간 포함). 단, 산업대학 및 전문대학의 경우 '군별 복수지원 금지' 제외

4) 4년제 정시모집 대학에 합격 · 등록한 상태에서 4년제 추가모집 대학에 복수지원 금지. 최종적으로 2개 이상의 대학에 이중 등록 금지(매년 3월 1일 기준)

특별법에 의해 설립된 대학은 복수지원 및 이중 등록 금지 규정에 해당되지 않는다. 이를 보면 상식적으로 알고 있어야 할 중요 사항을 간과하여 귀중한 1년을 허송하는 예가 있으니 참으로 한심하기 짝이 없다. 그 중 합격 취소된 사례를 보면 수시 1학기에 모 명문대학에 합격하여 그 후 몇 달간 신나게 놀다가 정시에 학교장의 허가(직인 과정 생략) 없이 인터넷으로 그 대학의 더 우수한 학과에 원서를 그냥 내보았다는 학생이 있었다.

그 학생은 어차피 수시에 합격해 있어서 정시 원서는 재미 삼아 내보았고, 실제 지원만 했을 뿐 면접이나 구술 테스트를 받으러 갈 의향이 없었다는 것이다. 이런 경우 지원만 해도 수시 합격이 취소되어 버리니 조심해야 한다.

또한 복수 지원제도 하에서 어처구니없게 실수하는 예가 있는데 동일 학군 내에 복수 지원하는 경우다. 상당수 많은 대학들이 가군과 나군 등에 분할 모집하는 경우가 있다. 어떤 학생은 가군의 A대학을 지원하고 나군의 B대학을 지원하는데 이 B대학이 가군과 나군에 모두 걸쳐서 분할 모집을 하고 있었다. 이 학생은 무심코 B대학도 가군에 넣어 버렸다.

당연히 가군에 두 개 대학이 지원되어 이 두 개 대학 모두가 취소되어 버린 예이다. 조심해야 하는 부분이며, 이는 고 3 수험생보다 주변 학부모나 입시 관계되는 분들이 세심히 확인 작업을 해주는 것이 더 바람직하다.

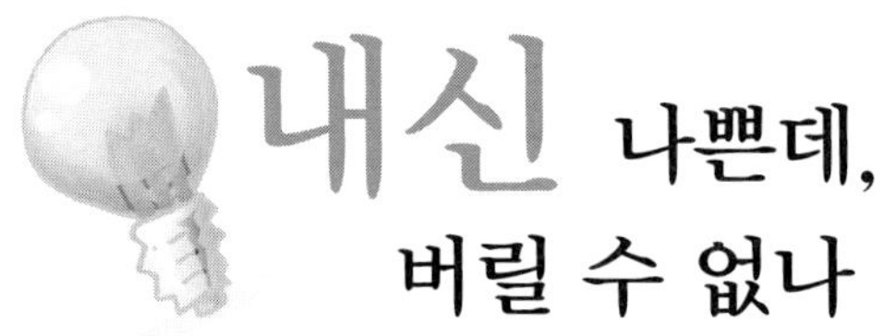

내신 나쁜데, 버릴 수 없나

　　사정에 따라 몇 년간 취업전선에서 뛰다가 뒤늦게 수능공부를 하여 대학에 가고자 할 수 있다. 또는 본의든, 아니든 몇 년간 대학의 문을 계속 두드리고 있을 때, 몇 년 전의 케케묵은 고교생활 기록부 상의 내신 성적이 문제가 된다. 현행 고교생들의 내신 산정 방식이나 내신 관심 상황이 몇 년 전과 판이하게 다르기 때문이다. 이런 수험생들을 위한 구제 차원의 적용 제도가 바로 '비교 내신 제도' 이다.

　　경우에 따라서는 내신이 없는 경우도 있다(소년원 출신 등). 또는 취업 전선에 뛰어들며 산업계 부설 학교에서 수학할 때 그들의 내신 성적이 일반 인문계 학생만큼 잘 나오기가 쉽지 않다. 이 때 비교 내신 산정을 하게 되는데 각 대학별로 적용하는 내용과 방식이 약간씩 차이가 있다.

　　서울대학교의 경우는 수시 2학기와 정시모집이 서로 다르다. 수시는 재수생 이하(이는 매년 응시한다는 가정 하에 졸업년도를 감안하여 편의상 부르는 명칭임)가 가능하며 정시는 삼수생 이하의 고교 졸업자나 외국 고등학교에서 전 과정을 이수한 자, 고교졸업 학력 검정고시에 합격한 자, 소년원의 고교과정 이수자, 교과목별 석차가 표기되지 않은 고등학교 졸업자 또는 예정자가 그 대상이 된다.

이 때 반영하는 방법은 그 대학 지원자 중 동등한 수준의 대입수능 성취도를 보인 학교생활기록부 적용 대상자의 교과 성적을 기준으로 한다. 그러니 이는 지원하는 수험생의 자질에 따라 성적이 변화될 수 있는 가변적 점수 적용 방식이다.

이화여자대학교의 경우는 정시모집에서 위와 유사하나 일반계 고교 직업과정 위탁생에게도 혜택이 부여되며 이때 학생부와 비교 내신 중 유리한 것을 학생이 스스로 선택할 수 있게 했다. 이외에 많은 대학들이 비교 내신을 적용하는데 각 대학에 따라 해당되는 자격요건이 다르므로 사전에 반드시 확인해야 한다.

심지어 어떤 학생은 고교 재학 때 학교 성적이 좋지 않아 가고자 하는 상위 대학의 진학이 불가능하자 바로 군대 지원을 한 예가 있다. 군 복무를 마치자마자 대학수능고사를 봐서 나빴던 학교 내신을 버리고 수능 점수로 비교 내신을 적용받아 새 옷으로 갈아입고 대학을 가고자 하는 속셈이었다. 그럴 수도 있겠다. 그러나 이런 경우 긴 시간을 수능 공부와 멀리한 상황에서 다시 제자리 찾기에는 많은 어려움이 따를 수 있으므로 특정한 경우가 아니면 그런 방법은 그야말로 도박이라고 할 수밖에 없다.

성공하는 학생을 점칠 수 있다

인간은 누구나 자신에게 잘해주는 사람에게 인정이 더 끌릴 수밖에 없는 것이 인지상정이다. 학교나 학원에서의 생활도 예외일 수는 없다. 평소 학습태도가 좋거나 학업 성적이 좋으면 자연히 그 학생을 호의적으로 인식하게 된다.

입시 전선에서 오래도록 여러 형태의 수험생들을 접한 필자의 경우 약 5분 정도 상담이나 대화, 그리고 가장 최근의 성적표 한 장만 보고도 그 학생의 예상가능한 대학과 학과를 짐작할 수 있다.

이때 수험생이나 학부모가 원하는 대학을 한 번에 쉽게 들어가게 되는 경우를 성공이라고 설정한다면, 그런 학생들의 평소 행동이나 학습 태도는 바로 이런 공통점을 갖는다. 우리 아이는 어떤 타입인지 한번 전체적으로 생각해 보는 것이 좋다.

⬡ 고 1 첫 중간고사 성적이 고 3 마지막까지 그대로 유지되는 경우가 약 85%에 이른다

첫 단추를 잘못 끼우면 나중에는 끼울 구멍이 없다. 고 1 때의 첫 성적은 매우 중요한 의미를 지닌다. 어떻게 보면 중 3 때의 학력이 그대로 이월되어 온 부분도 있다. 중학교 1학년의 성적은 어머니의 성적이라는 우스개 소리가 있다. 일리가 있는 말이다.

요즘 세대의 학생들은 시키는 일 이외에는 스스로 하는 자력심이 기성세대보다 떨어지는 것이 사실이다. 학부모나 학교, 학원에서 주문하는 일은 열심히(그나마 성실한 경우) 하지만 스스로 해야 할 일들을 찾아 나서는 학생들의 근성이 부족한 편이다. 요즈음 고등학교 학생들이 이런 타성에서 크게 벗어나지는 않을 것이다.

고 1 때의 첫 성적이 상위권이면 그 성적을 유지하기 위해 나름대로 노력하는 근성이 작용하나 첫 성적을 너무 망쳐 버리면 자신감을 잃게 되는 것은 물론 시험에 대한 공포심이 가중되어 원래의 성적으로 끌어올리기 위해 부단히 노력해야 한다. 이런 개선 방법에는 본인의 각고의 노력도 중요하지만 주변 학습 환경을 바꾸거나 개선시켜 줘야 한다.

예를 들어 줄곧 영어를 과외학습 시켰는데 큰 성과가 없다면 그 원인이 무엇인지 파악하여 과외 자리를 바꾼다든지, 학습 교재를 수준에 맞게 바꾸고 또한 친구 관계가 학습에 나쁜 영향이 있다면 이 또한 주변에서 개선시켜 주어야할 의무가 있다.

그렇다면 고 1 의 첫 성적이 중요하다고 하는데 언제부터 대비를 해야 할까?

일반적으로 중 3학년 학업을 마치는 시점인 겨울방학과 봄방학에 예비 고 1 과정을 사전학습을 통해 대비해야 한다. 고교 진학 후 학교의 새 분위기에 적응하고 학교 복습과 과제물, 수행평가 준비 등으로 시간이 많이 쫓기므로 중 3 겨울방학을 잘 활용해야 한다.

물론 모든 과목에 대한 사전학습은 필요 없고 주요 내신 과목인 수학과 영어, 언어 및 과탐이나 사탐 한 과목 정도가 이에 해당된다.

⬡ 맞벌이 어머니보다는 전업주부 어머니가 더 좋은 성적을 만든다

이는 필자가 오랜 시간 동안 여러 학생들을 겪으며 느낀 사항이므로 자칫 오해가 없기 바란다. 고등학교 학생들은 아직 성인이 아니다 보니 주변에서 가끔 통제하고 관리해 주는 보호자가 곁에 있으면 생활이 아무래도 규칙성을 갖는다. 그러나 보호해 주는 사람이 방과 후 아무도 없으면 간혹 부작용이 나타나는 경우를 목격한다.

어머니가 직장을 다녀서 학생이 방과 후 집에 와도 따뜻한 차 한 잔이나 간식 등을 챙겨 줄 사람이 없다보면 정신적으로도 공허함을 느낄 수 있다. 학교 다녀와서 피곤함을 호소할 대상이 없어 외로움과 공허감을 공부보다는 같은 처지의 친구들과 만나는 시간을 통해 해소하려는 생각을 많이 가질 수 있다.

결국 그런 학생들끼리 모여서 공부외적인 면에 관심을 가질 충분한 환경(?)이 형성되어 쉽게 다른 유혹에 빠지는 경우를 자주 목격한다.

⬡ 오답노트를 꼭 만들어 유용하게 사용한다

학업 성적이 좋은 학생들의 공통점 중 하나가 바로 오답노트 작성이다. 오답노트를 만드는 이유는 나중에 편하기 위해서이다.

지금은 귀찮고 오답노트를 만드는 작업 시간이 아까울 수 있으나 수능일이 코앞으로 다가왔을 때 자신의 오답노트만 다시 한 번 훑어봐도 짧은 시간에 자신의 부족한 부분을 터득하는 효과를 준다.

오답노트는 수학과 과학이 특히 필요하며, 단순 복사보다는 자신이 직접 문제를 쓰고 답을 작성해 보는 자세가 필요하다. 문제를 직접 작성하게 되면 뒤의 단서조건이 왜 필요했는지 생각해 보는 계기가 되며 이는 나중에 문제 푸는 지혜를 길러 주기 때문이다.

필자는 지도하는 수많은 학생에게 오답노트가 없으면 과제물을 주지 않을 정도로 일일이 오답노트의 중요성을 강조하고 있다.

⬡ 성적의 기복이 크게 없다

학생 중에는 중간, 기말고사는 잘 보면서 전국 규모의 모의고사는 엉터리로 보는 경우가 있다. 그들은 어떤 면에서 우물 안 개구리라고 할 수 있다. 시험 범위가 어느 정도 제시되는 학교내신에 대한 시험 대비는 잘 하면서 시험이 끝나면 머리를 도리도리하며 흔들고 다 잊어버린다. 그리고 다시는 학교에서 시험 본 부분에 대한 복습을 하지 않는다. 그러나 시험 범위가 계속 누적이 되는 전국 규모의 모의고사는 시험 범위가 넓어져 평소 실력이 좌우하게 된다. 이런 시험을 잘 보는 학생이 진정한 실력을 가진 사람이다. 또한 고 1 때부터 고 3 때까지 성적의 큰 기복이 없이 꾸준하게 완만한 상승세 내지 지속형을 보이면 그 학생은 성공할 확률이 높다.

단원별 기복이 심해서 조선시대의 토지제도는 잘 알고 있으나 고려 시대의 그것은 잊는다면 막상 시험문제가 고려와 조선의 토지제도를 비교하는 문제가 나올 때 당연히 혼돈스러울 수밖에 없다.

성적이 우수한 학생은 평소의 생활 태도가 바르다고 볼 수 있다. 그래서 스스로 노력해 나가고 오답노트나 철저한 복습 등을 통해 자신의 학습을 열심히 하는데 어찌 성적이 나쁠 수 있겠는가!

면접점수 올리기

각 대학마다 면접 및 구술고사를 강화하여 종래의 형식적이고 통과의례적인 면접방식을 버리고 실질적이고 변별력 있는 면접 제도로 바꿔 가고 있다. 대학마다 수시와 정시의 전형 요소에 면접 점수를 차등적으로 부여하고 있는데 대체로 수능 점수나 학생부 내신 점수의 5% 내외를 부여하고 있으니 상당히 영향력이 있는 셈이다.

면접에는 몇 가지 지켜야 할 최소한의 에티켓(Etiquette) 또는 룰(Rule)이라 할 수 있는 주의사항들이 있다. 필자도 이 면접 점수가 과연 변별력이 있는지 궁금해 했는데 주변에 있는 몇몇 친구 교수에게 물어 본 바 사실 그렇다는 애기를 들었다. 여기서는 구술테스트는 제외하고 순수 면접 부분에 대한 내용만 피력한다.

대체로 면접 항목은 '소양', '태도', '교양', '대학수학 수행성'에 초점을 맞춰 면접을 시행한다. 전문 지식은 여기서 요구하지 않는다. 다음에 좋은 사례와 나쁜 사례를 비교하며 살펴본다.

⬡ 면접실로 문을 열고 들어 갈 때

아주 가벼운 노크와 동시에 문을 열고 들어 갈 때 몸의 바로 뒷부분을 면접위원에게 보이지 않는 것이 좋다. 자기가 앉을 자리가 앞에 배치되어 있더라도 면접위원이 앉으라는 주문이 있기 전에는 앉지 말고 그대로 서 있는다.

앉으면 1~2m바로 앞에 세 명 정도의 면접교수가 자리하고 있으니 갑자기 당황스럽고 떨린다. 이때 불안하여 두 다리를 덜덜덜 떨면서 안절부절 못하는 모습은 일단 감점을 당한다. 또한 의자 앞뒤로 몸을 왔다갔다하며 움직이는 태도도 감점 대상이다. 그냥 다소곳이 자연스럽게 앉아서 답변을 한다.

⬡ 면접위원으로부터 질문을 받았을 때

대체로 가벼운 최근 이슈화된 시사적 논제를 화두로 꺼내는 경우가 많다.

예를 들어 "북한이 갑자기 왜 미사일을 쏘고 6자 회담을 거부할까?", "우리나라가 저출산국 1위가 되어 버렸는데 10~20년 후 우리나라에는 어떤 문제가 야기될까?"하며 질문을 툭 던진다.

면접은 가볍게 질문을 한 것인 만큼 대답도 가벼울수록 좋다. 너무 긴장하여 1분 이상 말도 없이 생각을 깊게 하여 시간을 오래 끌면 '저 학생 발언력이 떨어지나 보다.' 하고 감점을 당하게 된다.

"네, 제 생각에는 북한의 김정일이 미국이나 다른 서방국가들로부터 뭔가 좀 얻어내려 하는 잔꾀로 이런 짓을 한 게 아닐까 합니다."이 정도면 좋다.

또는 구체적으로 "중국을 배경으로 하여 김정일이 미국의 부시 대통령을 세계적인 악성 여론에 휘말리게 하기 위해 2006년 모년 모일에 동해바다 몇 km지점에 미사일을 쏘게 된 것입니다."하는 투의 답변은 아마도 면접 위원이 중간에 잘라 낼 것이다. 그 정도 답변하면 소양점수는 어느 정도 얻는다. 대학수학 수행성에 있어서는 그 사람의 지성인적 사고가 있는지를 평가한다.

말을 할 때 인터넷의 축약 용어인 저속어를 사용하지 않도록 한다. 필자가 일선에서 강의 중 문제가 잘 안 풀리면 의외로 많은 학생들이 "졸라 어렵. 그것도 모르삼?" 등등 이런 표현이 무의식적으로 나오게 될까봐 두렵다. 기다렸다는 듯 감점 조치하게 된다.

⬡ 어떤 논제에 대한 답변을 좀 길게 요구할 때

논제에 대한 답변에 결론을 먼저 밝히도록 한다. 그런 다음 이유를 설명하고 자기와의 관련성이나 개인적 견해를 끝부분에 가미시키면 금상첨화이다.

어떤 대학은 자신의 홈페이지나 블로그를 만든 게 있으면 밝혀주라는 주문도 있다. 자기 PR 시대인 만큼 떳떳이 제작하고 평소의 생활 모습을 그대로 살려 둔다. 속되고 저속적인 표현이 너무 지나치지 않으면 그 범위 내에서 그대로 살려 두는 것이 좋다.

괜히 면접위원에게 옳은 모습만 보이고자 속물적이고 지저분한 형태의 모습이나 발언을 지워버리면 오히려 부자연스러워 누군가에게 보이기 위한 홈페이지가 되기 때문이다. 면접위원들도 학생들의 세계를 어느 정도 이해하고 있기 때문에 자연스런 모습이 가장 아름답다.

면접은 그야말로 자연스러운 자신의 모습을 보이는 게 좋다. 그러면 아주 좋은 성적은 못 올릴망정 감점 당하지는 않는다. 이 면접 점수가 약 20점 내외의 변별력을 주는 곳도 있으니 대학합격 여부를 좌우할 수도 있음을 유의해야 한다.

Part 4

과목별
만점작전

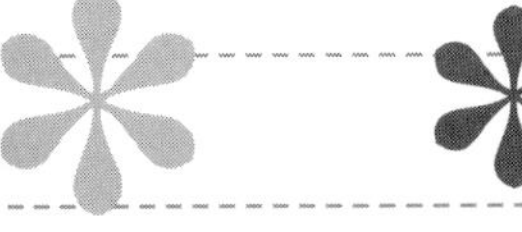

언어 만점작전

　　대입수능 영역은 언어, 외국어, 수리탐구, 과학탐구 및 사회탐구로 구성되어 있다. 그 중 연도별 난이도 차이가 가장 큰 영역이 바로 언어인데, 수험생부터 학부모들까지 언어영역에 대한 학습방법을 가장 궁금해 한다.

　종래의 언어고사는 암기형, 주입식 문제들이 많았으나 현재의 수능패턴은 전적으로 독해능력과 논리성을 평가하는 데 초점을 맞추고 있다. 그래서 고등학교 시절부터 갑자기 언어 공부를 하기 위해 학원을 다니고 별도의 참고서 문제집 등을 풀고 하는 호들갑을 떨어도, 점수에는 바로 연결이 안 된다. 그래서 그만큼 더 어려운 과목이 언어영역이다.

　언어영역은 초등학교 시절부터 대비를 해야 하는 장기적인 안목과 준비가 필요한 학습영역이다. 언어를 완전 공략하기 위해서는 어린 시절부터 다독(多讀), 다서(多書), 다상량(多想量)이 필요하다.

곧 많이 읽고, 많이 쓰고, 상상력을 풍부히 하라는 의미이다. 아울러 재미있는 영화, 볼만한 연극, TV 드라마 등도 언어공부에 도움이 된다.

이는 기성세대의 학부모들은 상상을 못할 일이다. 그러나 요즘 언어영역의 문제는 복잡다단한 사회 일반적인 여러 현상들까지 다양하게 출제되는 경향이 있어, 온실 속에서 자란 학생일수록 언어 공략이 어렵다고 한다. 재수생이 수능득점에 초강세 현상을 띠고 있는 부분도 이와 무관하지 않다.

아울러 우리말은 한자체계와 형식은 다를지라도 내용 면에서 유사 연관된 어휘가 많기 때문에, 한자 공부를 병행하는 것이 언어 공부에 도움이 된다. 심지어 모 특목고에서는 언어 교과서 속의 우리말 한자어를 전부 한자로 고쳐 쓰는 과제물을 제시하고 있기도 하다.

읽을 만한 유명 소설 중에는 크게 세 가지로 분류할 수 있는데, 한국 중단편 명작소설, 현대소설, 고전을 현대화한 소설작품이다. 한국 중단편 명작 중에는 현진건의 『빈처』, 『운수 좋은 날』, 김동인의 『배따라기』, 『감자』, 『발가락이 닮았다』, 염상섭의 『표본실의 청개구리』, 김동리의 『무녀도』, 『황토기』, 나도향의 『벙어리 삼룡이』, 『물레방아』 등이 빈출되는 편이다.

현대소설로는 최인호, 공지영, 김지하, 황석영 등의 작품이 연구 대상이다. 아울러 고전 작품을 현대화한 소설 중에는 『삼국지(三國志)』가 대표적인 경우이며, 그 외에 영화제작으로 더 빛을 본 『해리포터 시리즈(Harry Potter Series)』도 초등학교 시절부터 꾸준히 독서해 두는 것이 좋다.

막상 수험생 생활이 시작되는 고 3 때부터는 이런 작품들을 읽을 만한 시간적 여유가 없기 때문에, 미리미리 읽어두는 것이 언어능력을 함양하는 재산이 된다.

현명한 학부모라면 자녀에게 이런 작품들을 읽으라고 강요하기보다는, 이 작품들을 읽게 한 후 약간의 인센티브(Incentive)를 제시하며 독서토론을 취해 보는 것도 좋은 방법이다.

또한 신문사설을 탐독하는 것이 언어 만점작전에 큰 도움이 된다. 시사적인 내용보다는 비시사적인 문화, 경제, 사회 부분의 사설을 별도 스크랩하여 노트에 풀로 붙여 그 하단에 세 줄 정도의 내용 요약을 해보고 아울러 나름대로의 제목도 달아보는 연습을 해보아야 한다.

한 학생은 스스로 이런 신문사설을 스크랩할 시간이 없어 부모가 따로 만들어 정리보조를 해주었는데, 이 학생이 학교를 오가는 때나 화장실에서 이 사설을 읽고 학습을 한 결과 큰 도움이 되었다고 들은 적이 있다. 그 학생은 명문대학에 합격했는데, 운이 좋게도 그 사설 중에 한 부분을 발췌하여 자신의 의견을 제시해 보라는 면접문제가 나와서 평소의 생활습관에서 커다란 도움을 받았다고 한다.

또한 언어득점을 잘 하는 학생들을 지켜보면, 독서하는 습관이 생활화되어 있고, 독서할 때의 두 눈이 책의 가운데 부분으로 훑어 내려가는 일종의 속독형식이 많다. 이는 평상시 독서량이 풍부했음을 의미하며, 나무가 아닌 숲을 보는 지혜를 갖고 있다고 평가할 수 있다.

초등학교와 중학교 때 NIE(Newspaper In Education : 신문활용 교육) 학습을 부모와 함께 작업해 보는 것도 언어와 면접 구술고사까지 도움을 줄 수 있는 방법이다.

최근 수능고사의 가장 어려운 영역이 언어라고 할 정도로, 수험생들이 불안해하고 있는 과목이 언어영역이다. 인터넷 문화가 발달함에 따라 독서하는 시간이 종래 세대에 비해 많이 줄어든 것은 사실이다. 이럴 때일수록 독서하는 습관이 언어 만점작전에 무엇보다 가장 큰 도움이 된다. 앞에서 언급했듯이 어릴 때부터 이러한 습관을 들이도록 주변에서 충고하고 도와주는 것이 좋겠다.

수학 만점작전 I

학교 내신 시험이나 수능고사에서 가장 큰 변별력을 갖는 과목이 바로 이 수학인데, 논리력과 사고력을 동시에 측정할 수 있는 영역이다 보니 명문대학일수록 수학에 대한 득점 가중치를 더 많이 부여하고 있다.

최근 몇 년 사이에 교과 과정이 일부 개편되어 종래보다 더 입시 부담이 줄어든 것처럼 외견상 보이나, 실제는 그렇지 않다. 한 예로 문과생의 경우 수학 I만 출제범위로 들어가 있기는 하나, 고교 1학년 때 배우는 10-가, 10-나(공통수학)를 제대로 학습하지 않고서는 수학 I을 공략할 수가 없다. 진정으로 입시부담을 줄여보겠다는 취지에서 이런 제도를 취한다면 오히려 공통수학을 출제범위로 하고, 수학 I을 빼는 것이 합당하다고 볼 수 있다.

수학을 잘 하는 학생일수록 전체 석차에서 우위를 점유하는 것은 어느 학교이든 마찬가지이다. 그만큼 수학의 변별력이 높고 문제의 난이도에 따라 크게 영향받지 않는 학생들이 바로 상위권 그룹이기 때문이다.

최근 수능고사의 수리탐구(수학)는 언어 문제에 가깝다 할 정도로 문항의 지문이 길고 분석을 해야만 핵심을 찾아낼 수 있는 문제가 다수 출제된다. 그러니 평소 수학 문제를 잘 푸는 학생이라도, 이런 수능패턴에 의외로 약한 학생들이 많다. 필자가 본원에서 많은 학부모들로부터 상담 받은 내용 중에 빈도가 가장 높은 것이 바로 이 부분인데, "우리 아이는 지문이 긴 형태로 나온 문제는 아예 손도 대지 못하고 있는데, 이것은 왜 그렇습니까?"라고 문의해 오는 경우이다. 이는 바로 문제분석 능력이 부족하기 때문이라고 상담을 해주고 있다.

이런 분석능력을 기르기 위해서는 교과서 내의 심화학습 문제들을 자주 풀어보고, 시중 참고서 중 실용수학 문제집을 구해서 풀면 다소 도움이 된다. 수학의 영역은 크게 대수(수와 식, 방정식, 부등식), 해석(함수), 기하(도형단원)와 확률통계로 나누어진다. 이 중 비중이 가장 높은 부분은 해석단원이지만, 수능고사는 대수부분이 의외로 출제비중이 높은 편이다.

특히 도형 단원은 중학교 과정의 삼각형과 사각형, 원의 성질에서도 자주 인용되고 있다. 바로 이런 단원이 학생들 간의 변별력을 불러일으키는 부분으로 고교과정만 열심히 해서는 안 된다는 것을 반증하고 있다.

문과생의 경우, 수학 I을 출제영역으로 하고 있는데, 가장 출제 비중이 높은 단원이 무한급수(극한 단원), 수열의 점화식, 상용로그이

며 이과생의 경우, 무한급수(극한단원), 벡터의 내적, 미분법을 이용
한 극값 구하는 문제, 타원 쌍곡선의 정의 등이 거의 해마다 출제되
는 영역이다.

다른 어떤 과목보다도 학부모 도움의 비중이 별로 필요치 않은
과목이 수학인데, 수험생 스스로 이 부분을 공략할 수밖에 없다.
그렇다면, 어린 시절부터 선행학습을 계속해야 할까?

필자가 보건대 선행학습은 어느 정도 필요하다고 본다. 선행기간
이 문제일 따름이다. 서울 강남의 유명한 어떤 학부모는 중 1 때,
고 3 과정인 미적분을 배운다고 주변 사람들에게 자랑거리로 말하
는 데, 그것은 오히려 학습발달에 장애가 된다. 왜냐하면 미적분을
이해하기 위해서 필요한 중간과정(함수, 극한 단원)을 충분히 사전
에 이해하고 다지는 기간이 필요한데, 어린 나이에 이 부분을 충분
하게 이해하기에는 덜 영근 상태라고 볼 수 있기 때문이다.

필자가 보건대 약 1년 정도 이내의 선행학습은 수학적 계산 능력
과 사고력에 도움을 준다고 본다. 예를 들면, 중학교 1학년 과정에 1
차 방정식이 나오고, 중학교 2학년 과정에 연립방정식이 나오는데,
중 1학년생이 중 2 때 배울 연립방정식을 선행학습을 해두면, 1차
방정식을 한결 쉽게 이해하고 풀어낼 수 있기 때문에, 자연히 득점
력도 향상된다. 그러나 1년 이상의 선행학습은 하지 않기를 바란다.

수학 만점작전 Ⅱ

　　흔히 수학은 하루아침에 잘 안되니, 고 3 되면 포기하는 것
이 낫다고 말하는 무책임론자들이 있는데, 수학이야말로 노력하면
반드시 그만큼의 보답을 받는 대표적인 과목이다. 필자는 '30전
략'을 강조하는데, 하루 30문제 이상 반드시 풀 것(약 2시간 소요),
해답은 30분 이내 절대 보지 말 것, 30시간 이상 수학을 손놓지 말
것을 주장한다.

　하루 10시간 이상 수학을 가까이 하는 필자의 경우도, 여름 휴가
철 때 일주일 정도 손을 놓으면 한동안 계산이 언뜻언뜻 되지 않
고, 하루 정도의 조정기간이 필요함을 느낀다. 하물며 학생들의 입
장은 어떠하겠는가.

　또한 문제가 풀리지 않는다 해서 바로 해답을 들여다보는 수험생이
많은데, 그것은 문제분석 능력을 저해하는 가장 큰 요인이 된다. 다
소 아까운 시간이라고 생각될지 모르지만, 30분 정도의 시간을 문제
분석에 투입해도 길게 보면 득이 되는 과정이라 생각하는 것이 좋다.

최근에 수학 문제 중 5문항 정도가 다른 과목들과 연관된 문제들이 출제되고 있는데, 도플러 효과, 베르누이 정리, 인구증가율, 시장가격 결정방법, 한계효용 생산이론 등이 대표적이다.

그래서 과학과목과 사회과목 중 수치계산을 필요로 하는 제반 공식들을 따로 메모하여 수학시험대비에 필요한 준비를 하는 것이 좋겠다.

수능고사에서 수학 득점을 잘 하기 위한 방법 몇 가지를 소개한다.

◉ 첫째, 가장 큰 배점인 4점 배점의 객관식 문제는 맨 마지막으로 돌리고, 오히려 주관식 문제를 먼저 풀기를 권유한다

객관식 4점 유형은 다른 단원과의 혹은 다른 과목들과 융합된 문제로서, 계산하기 이전의 문제 분석 시간이 다소 필요하며, 자칫 미궁에 빠질 때는 다른 문제들을 푸는 데까지 악영향을 줄 수 있기 때문에, 이런 문제는 후순위로 돌려 상대적으로 부담이 없는 다른 문제들을 먼저 풀기 바란다.

주관식 문제는 무조건 어렵다는 편견을 버리도록 하라. 오히려 주관식 문제가 더 평이하고 쉬울 수 있다.

◉ 둘째, 해마다 출제되는 단원이 무엇인지를 파악해 둔다

무한급수, 상용로그, 행렬의 거듭제곱, 여러 가지 수열의 계산법, 경우의 수, 확률분포 등이 해마다 출제되는 단원에 속한다. 이런 단원은 2~3일에 한 번씩 풀어봐서 문제풀이 감각을 늘 유지하는 것이 좋다.

◉ 셋째, 주어진 시간에 문제를 풀어내도록 하자

수학은 득점에 연결되기 위해서는 계산의 신속성과 결과의 정확성이 모두 갖춰줘야 하는데, 하루종일 한 문제를 풀어서 정답이라면 그게 무슨 수학 실력이라 할 수 있겠는가! 고 3 과정 때부터는 스스로 시간제한을 두고 그 주어진 시간 내에 문제를 풀도록 노력해야 하며, 수능 수학의 경우 한 문항당 문제풀이 시간은 3분 내외가 적합한 시간이다.

◉ 넷째, 오답노트 만들기를 권유한다

이것은 학부모가 도와줄 수 있는 부분이기도 하다. 오답노트는 일단 만드는 과정 자체가 문제를 읽어보는 효과가 있어서 차후 유사한 문제를 접했을 때 생소한 선입관을 없애주는 효과가 있다.

언뜻 귀찮다고 오답노트를 만들지 않는 학생들이 상당수 있는데, 한번 흘러간 문제는 다시 보지 않겠다는 의미일 수도 있으니, 얼마나 위험한 발상인가. 필자가 본 우수학생의 경우, 대부분이 오답노트를 스스로 만들어 관리하고 있다.

수학은 배점도 높거니와 총점관리 측면에서 매우 중요하기 때문에 다른 어느 시점보다도 고 3 때는 가장 많은 시간을 투자해야 한다.

원점수 기준, 100점 만점에 80점을 못 얻은 수험생이 명문대학을 가기는 쉽지 않은 것이 현실이다. 왜냐하면 문과든 이과든 가중치가 많이 부여되어 있고, 각 대학에서 수학에 대한 우수학생을 선발하려는 의향이 강하기 때문이다.

어느 대학이든 인문계와 자연계에 따라 사회탐구 및 과학 탐구(줄여서 사탐 및 과탐)를 일부 과목만 선택적으로 하여 입시부담을 다소 줄여 주고 있는 편이다. 물론 과거 본고사나 학력고사, 수능 제도 초기보다는 부담이 많이 줄긴 했지만, 여기에는 은근한 함정이 있다. 즉 과목 선택을 잘못하면, 수능 총점에 나쁜 결과를 초래할 수 있기 때문이다. 그래서 많은 수험생들이 과목 선택을 앞두고 고민을 하고 있다. 이런 점을 감안하여 과목 선택 기준을 평가하는 나름대로의 지표를 만들어서 결정해 두는 것이 좋을 듯하다.

이런 평가 항목에 반드시 고려해야 할 지표가 학교 공부 연계, 학습량, 예상 표준점수, 공부하기의 편의성, 응시예상 인원이다.

사탐 과목은 국사, 한국지리, 사회문화, 정치, 한국 근현대사, 윤리, 세계사, 법과 사회 등에서 4과목 정도를 선택하여야 한다.

한국 교육과정평가원은 표준점수의 과목평균이 낮을수록, 표준편차가 낮을수록, 응시인원이 많은 과목일수록, 유리하다는 것을 그 동안의 입시통계상 인정을 하면서도, 표준 점수화함에 따른 불균형을 어느 정도 해소하고 있다고 주장하고 있다. 그러나 최근 몇 년간에 과목선택에 따라 총득점의 우열에 중요한 잣대가 되는 것을 부인하지 않고 있다.

필자가 분석한 바로는 사회탐구의 경우 국사, 한국지리, 사회문화 중 2과목과 전공 관련 선택과목 2과목을 합쳐 4과목을 선택하면, 어느 정도 무난한 득점을 할 수가 있다. 과탐의 경우는 물리Ⅱ, 화학Ⅱ에 물리, 화학, 생물I 중에 2과목을 선택하는 것이 좋다.

물론 상위권 학생은 난이도가 높은 과목을 선택하면, 대체로 다른 수험생들이 꺼리는 과목이 되어, 상대적으로 유리할 수도 있다. 그러나 중·하위권의 학생은 다수가 선택하는 과목을 학습하는 것이 유리하다.

위에서 말한 과목 선택에서 사탐의 국사나 과탐의 화학I은 명문대학일수록 이 과목을 지정한 경우가 많기 때문에, 반드시 이런 과목은 고교 초년 시절부터 집중 학습해 두는 것이 좋다. 한국 지리나 경제, 생물I, 물리I의 경우는 교과서나 참고서의 발췌되는 도표, 지도, 통계자료 등은 수능 출제분야에 중요한 자료로 활용되기 때문에, 신문의 NIE(Newspaper In Education : 신문활용 교육)처럼 별도 스크랩하여 개별 노트를 만들어 두는 것도 좋은 방법이다.

한편, 수능성적과는 직접 관련이 없지만, 상당수의 많은 대학들이 각종 경시대회 본상 입상자들에게 수시모집의 특혜를 부여하고 있는데, 그렇지만 초등학교와 중학교 시절의 입상한 경력은 인정하지 않고 고교 시절의 경력만 인정을 하고 있다.

서울대학교의 경우는 국제 물리 올림피아드, 국제 화학 올림피아드, 국제 생물 올림피아드 등과 한국 화학 올림피아드, 한국 물리 올림피아드 등을 인정하고 있다. 경시대회 관련 정보는 별도의 장(章)에서 따로 살펴보기로 한다.

일반적으로 영어나 수학 같은 주요 도구과목은 어린 시절부터 집중적으로, 지속적으로 학습관리를 하는 편이나, 사탐이나 과탐의 경우는 고교 3학년 때 집중 학습하려는 경향이 많다. 물론 그것도 일리가 없지는 않다. 특히 사탐의 경우, 시사성이 가미된 문제는 당연히 수능 기준 1년 이내의 자료들을 수학하는 것이 합리적이다.

그러나 고 3 시절에 학교 내신 시험이나 각종 모의고사 등으로 체계적이고 계획적인 학습 진도가 여의치 않는 경우가 많다. 이런 상황에 암기나 다른 과목과의 연계성을 띤 집중학습이 고 3 때 이루어지기는 쉽지 않다. 이런 점을 감안하여 필자는 고 2 때 사탐이나 과탐을 피상적이나마 한 번 훑어보는 것이 좋다고 본다. 대부분의 학생들은 고 3 여름방학 시점에 과탐·사탐을 끝낸다는 계획을 세우고 미루어두는 경우가 있는데, 이는 재수를 불러올 확률을 높이는 결과가 된다.

사탐이나 과탐의 원점수 배점이 각각 200점이므로, 절대 무시할 수 없는 영역이다.

시사성의 경우, 국사와 한국지리, 경제 등이 융합된 형태의 문제도 빈출하는데, 이는 어린 시절부터 평소 사회현상에 대한 정보를 자주 접하라는 의도로 볼 수 있다.

한 예로 수년 전에 출제된 사탐의 문제에서 북한의 경수로 사업과 인근 지역의 지리학적 지하자원, 이에 대한 정치·경제적 지원 문제가 연계 출제된 적이 있다. 이 문제를 접한 많은 학생들이 평소 풍부한 정보가 없어 비닐하우스 속의 온상재배 식물처럼 옳은 답을 못하는 경우가 발생했다. 그런데 이런 유형의 문제는 늘 출제되고 있는 편이다.

아울러 고 3 여름방학 시점에는 수능 3개월 전후에 해당하기 때문에 사탐 전문 학원을 통하여 시사적인 문제에 관하여 전문가들로부터 도움받는 것이 시간상 경제적이다.

과탐은 화학I을 꼭 선택하기를 바란다. 이는 사회에 진출하여서도 실생활에 도움을 줄 수 있고 각 대학에서 필수과목으로 지정한 경우가 많기 때문이다. 특히 의예과, 한의학과를 지원할 경우는 반드시 선택해야 한다.

자연히 화학I의 난이도는 다른 선택 과목에 비해 다소 높은 편이며, 변별력은 계산 유형의 문제에서 많이 차이가 나고 있다. 그래서 화학교과서나 참고서에 나오는 계산 유형의 문제는 반드시 극복을 하도록 하자.

물론 과탐의 과목도 수 개 과목이 연관된 융합형 문제가 출제되기도 하는데, 이 중심에 화학이 늘 자리잡고 있다고 보면 된다.

일반적으로 물리II, 지구과학II 등은 선택을 기피하는 경향이 많지만 대체로 난이도가 다소 낮게 출제되기 때문에, 이런 과목에 대한 선입감을 버리고 자신의 적성이나 장래 지망학과를 관련지어 선택하는 것도 괜찮은 방법이다.

결론적으로 사탐과 과탐은 고 2 겨울방학 시절까지 어느 정도 일회독(一回讀)을 해 두고 고 3 여름방학 때 최종 점검하는 자세를 가져야 좋은 득점을 할 수 있다.

선택과목은 고 2 초반에 어느 정도 결정하는 것이 좋고, 자신의 학습량이나 장래적성과 연계하여 선택하면 시행착오를 막을 수 있다.

국사, 난이도 기복이 심한 과목

최근 각 대학에서 요구하는 수능점수 중 사탐은 '3 + 1' 체제를 많이 채택하고 있다. 여러 사회탐구 과목 중 국사를 가장 많이 선호하는 편이지만 자연히 문제 난이도에 따라 등급 산정에 따른 희비가 많이 엇갈리는 과목이다. 국사는 크게 고대사와 근현대사로 나눠지는데 전자와 후자의 출제 비중은 3:7 정도로 근현대사의 중요성이 높다. 국사를 잘 봐야만 사탐 과목의 유리한 교두보를 마련할 수 있는 것은 바로 이런 난이도 변화가 가장 심한 과목 중 하나이기 때문이다.

국사를 학습할 때 몇 가지 중요 체크 포인트가 있다.

⊙ 첫째, 다른 나라의 역사, 특히 중국과의 영향 관계, 시대별 사상 흐름의 비중이 높다

초등학교, 중학교 때는 인물위주의 평가가 많으나 고등부에서는 사상의 흐름, 제도의 변화, 근세 후기의 각종 사회 제도 등이 중요 포인트이다.

⊙ 둘째, 자주 출제되는 분야

아래 분야는 어떤 형태로든 자주 출제되니 별도로 메모해 두고 여러 유형의 문제를 풀어 보는 것이 좋다.

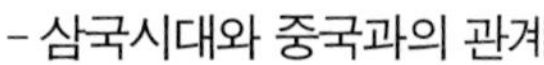

- 선사시대의 유물, 유적을 통해 시대상을 추론하는 문제
- 고조선의 청동기 문화를 기반으로 하는 철기문화의 사회상
- 삼국시대와 중국과의 관계
- 고려시대의 군사제도, 군역, 군제 개편과 그러한 배경 사건
- 최승로의 시무 28조와 유교이념
- 인조반정 전후 조선의 대외 관계
- 탕평책 실시
- 토지제도의 변화
- 화폐경제 제도의 발달
- 불교 사상 이론
- 조선후기 사회모순 속에서 발생한 실학사상의 획기적 변화상
- 조선후기 서민 문화의 발달
- 지방호족들의 세력화를 막기 위한 인질 제도의 변화

⬡ 요즘 시사되는 문제를 국사와 연결

국사 과목은 다른 과목간의 교과 통합형 중심에 있어왔는데, 몇 년 전 한반도 에너지 개발기구, 즉 KEDO(Korean Peninsula Energy Development Organization)의 경우 그것의 역할과 세계와의 관계, 에너지 개발에 따른 발전 도시, 그 지역의 철기시대의 중요 지하자원이 현재에 어떤 영향을 여전히 미치고 있는지 등을 복합적으로 평가하는 문제가 수회 출제된 적이 있다. 또한 풍수지리설과 행정 타운 설립, 농민층과 서민과 귀족층이 현대의 중산층과의 관련성 등 교과 통합형 문제가 아주 자주 출제되는 편이다. 당연히 그러한 문항의 배점은 높다고 볼 수 있다.

⬡ 지도나 도표 유의

교과서나 참고서에 나타나는 각종 지도나 그래프, 도표 등을 꼼꼼히 챙겨 본다. 수능문제는 그러한 자료들을 많이 활용하고 응용하기 때문에 한번 주의 깊게 들여다보지 않으면 난감해 할 수 있다. 예를 들면 조선 후기에 등짐장수에 해당하는 보부상의 이동경로나 주요 아지트와 그 배경, 육상 교역로나 해상 교역로, 양반의 비율을 도표화한 문제, 과전법의 분급 액수 등에 관한 시각자료를 한번 훑어보기 바란다.

결국 역사를 공부하는 것은 그것을 배움으로써 역사적 사고력과 비판력을 길러 내면의 이해로 발전되도록 도와주는 역할을 한다.

동양에서는 역사학을 정책의 입안을 위한 이론적 근거로 많이 활용한다. 그래서 온고지신(溫故知新)의 원리로 활용하기 위해서도 국사학습의 필요를 우리 사회가 적극 요구하는 것인지도 모르겠다.

영어 만점작전

영어는 제 1 외국어로서 누구나 필수적으로 응시해야 하는 과목이며, 일반 사회에 나와서 당장 쓰이는 실용과목이다. 종래의 학력고사나 수능 초기에는 문법, 어휘, 숙어 등의 단편적인 유형들이 상당부분 차지했으나 최근의 수능고사는 100% 순수 독해라고 할 수 있다. 다만 일부 해에서는 문법 문제가 소량 출제되기도 한다. 출제유형이 종래와 달리 토플 식으로 출제되어 문장 완성형, 문법적 합당성, 사고력 측정에 주안점을 두고 출제를 한다.

요즘 영어는 초등학교 시절부터 학습시키고 있는데, 그 시기가 빠르면 빠를수록 좋다고 한다. 언어 습득 능력이 7세 전후에 가장 우수하다고 하는데, 혹자는 영어 언어를 선습득(先習得)하다 보면 자칫 우리말의 습득능력이 상대적으로 떨어지는 게 아니냐는 우려를 표시하지만, 그건 그렇지 않다. 인간은 2~3개 외국어를 동시에 습득할 수 있는 고유의 능력을 갖고 있기 때문이다.

문법적인 부분은 중학 재학 중에 완전 터득하기를 바란다. 당연히 문법이 약하면 독해능력이 떨어진다는 것은 두말할 필요가 없다. 또한 문장 작성능력도 떨어진다.

어휘는 초등학교, 중학교, 고등학교 시점에 터득해야 할 내용들이 각각 존재하기 때문에, 하루아침에 마스터할 수는 없다. 초등학교의 경우 약 500단어 내외, 중학교 과정 중에 약 2,000단어 내외, 고교 재학 중에 약 5,000단어 이상, 경우에 따라서는 10,000단어 정도의 용량이 필요하다. 이는 개개인의 언어 능력에 따라 다소 차이를 보이기도 한다.

미국의 교육적 하위계층으로 살아가는 사람들은 약 300단어로 평생 동안 불편 없이 살아가기도 한다.

수능고사에는 듣기평가와 독해평가로 크게 대분(大分)되는데, 듣기평가는 어린 시절부터 테이프나 우리말 자막이 나오는 시추에이션 드라마를 보여줌으로써 학습능력을 발달시킬 수 있다. 이 부분은 학생들 간의 성적편차가 그다지 크지 않은 편이므로, 수능성적 제고를 위해서는 많은 투자를 할 필요는 없다고 본다.

문제는 독해 부분인데, 해마다 지문 속의 어휘가 더 많아지고 까다로운 단어가 빈번하게 등장하고 있어, 어휘 중 동사에 해당하는 단어를 특히 집중 암기해야 좋은 점수를 얻는다. 동사의 의미를 옳게 파악하지 못 하게 되면, 해당 문장 또는 해당 지문 전체를 거꾸로 해석하는 우(愚)를 범하게 된다.

독해는 1분 동안에 약 10줄 이상 파악되어야 하고, 전체적 맥락을 순간적 기지로 볼 줄 아는 요령이 필요하다. 왜냐하면 독해 부분의 가장 큰 난제가 여러 지문들 간의 공통성이나 비교성 등이기 때문이다.

수능학습에 도움을 주는 영문서적은 아놀드 토인비(Arnold Toynbee), 앨빈 토플러(Alvin Toffler), 버틀런드 러셀(Bertrand Russel), 어니스트 헤밍웨이(Ernest Miller Hemingway) 단편 문고 소설,『해리포터 시리즈(Harry Potter Series)』등이 유익하며, 좀 더 독해능력이 우수한 학생은『타임(Time)』지(誌)나『뉴스위크(Newsweek)』지 같은 시사 잡지를 권유하고 싶다. 아울러 시추에이션 코미디물로 드라마『프렌즈(Friends)』가 좋다.

다행히 수능고사가 실시된 1994년 이후부터 지금까지 학생들 간 변별력이 가장 낮은 과목으로서 약간의 학습만 수반되어도 좋은 점수를 얻은 게 사실이다. 그만큼 영어 학습능력이 예전보다 우수해졌다는 증거일 수도 있다. 그래서 출제당국에서는 이에 대한 대책으로 어휘량을 더 늘이고, 다소의 주관성이 가미된 독해문제를 좀 더 출제해 오고 있는 편이다.

초년시절부터 어떤 문장 또는 지문을 읽은 다음에는 주제어(Keyword), 주제문 등을 직접 써보는 연습을 해보라. 아울러 특정 상황에서 가족간에 일정 시간만큼 영어로 대화하고 토론하는 방법도 도움이 된다.

한편, 면접 구술 과정에서 영어로 자기 소개하는 질문이 자주 등장하는데, 이에 대한 대비를 사전에 하지 않으면 면접과정에서 당황한 나머지 자기 이름만 대다가 도중하차하는 경우도 비일비재하다. 물론 자기소개에는 외면적인 객관사항(가족관계, 현재의 소속 학교, 출신 등) 외에 내면적인 사항(취미, 장래 직업, 적성, 취향)과 학업 계획 등에 초점을 두고 자기소개를 하는 것이 좋다.

서울 강남의 사설 학원 기관에서는 중학생이 종래 대학 시절에 배울법한 토플문제집을 지도한다고 비판 받은 바 있다. 그만큼 선행학습의 정도가 예전에 비해 급속도로 빨라졌음을 의미하게 되는데, 필자 개인적으로는 바람직하지 않다고 본다.

다만 학부모들 상당수가 다른 과목과 달리 영어 과목에 대한 학습능력이 우수하기 때문에 자녀들에 대해 지속적인 관심과 배려를 위해서 학부모들도 영어에 대한 관심을 가지고 조금씩이라도 공부하는 모습을 보여주는 것이 자녀에게 모범이 된다.

⬡ 토플(TOEFL)과 텝스(TEPS)

요즘 몇 개 대학에서 영어 능력 우수자를 수시 모집이나 정시 모집 등으로 선발하고 있고 있다. 심지어 어릴 때부터 조기 유학시켜 이 제도를 통해 대학을 보내려는 부모도 있다. 이 때 영어능력을 객관적으로 평가하고 검증하는 공인기관의 시험이 바로 토익(TOEIC), 토플(TOEFL), 텝스(TEPS) 등이며, 몇 개 대학에서 본고사를 못 보는 현실 하에서도 이들에 대한 점수를 요구하고 있다.

경북대학교, 성균관대학교, 숙명여자대학교 등에서는 제법 많은 인원을 이 제도로 선발하고 있다.

이런 제도를 활용하여 수시 모집에서 학생을 선발하려는 신규 대학들이 많아지는 추세이다. 그렇기 때문에 고등학생뿐만 아니라 중학교, 심지어 초등학교 학생을 상대로 일부 사설학원에서는 이에 대한 강좌를 개설해 놓고 학생손님을 맞이하고 있는 것이 현실이다.

어떤 부모들은 요즘의 사교육 현실을 놓고 개탄을 금치 못한다.

"아니, 우리가 공부할 당시에는 대학교 졸업반 때나 공부했던 토플을 요즘 우리 아이 학원에서 시킨다기에 그런 헛돈 쓰지 말자고 오늘 애 엄마랑 한바탕 싸우고 출근했습니다."

결국 그 부부는 말다툼을 하고 다른 집의 사정을 들어보니 부인의 말처럼 토익, 토플, 텝스 등을 일찍 교육시키지 않으면 남들보다 뒤쳐져 버리니 할 수 없이 시킨다고 한다. 사실 이런 일이 우리 주위에 일어나는 현실이다.

한국에서 널리 인정하는 영어 공인 시험은 토익, 토플, 텝스이다.

토익은 일본 외무성에서 비영어권 사용자들의 비즈니스 영어를 강화하고자 개발한 상업영어라고 보면 된다.

토플은 미국 내 대학에 진학하려는 비영어권 국가 학생들의 영어 검증시험으로 도입되어 가장 많은 변혁을 거쳐 온 시험이다. 최근에도 시험 방식과 내용을 수정하고 개조하고 있다.

텝스는 서울대학교가 정부의 지원 하에 한국인이 영어를 습득함에 있어서 어려움을 극복하고 평범한 교양인이 사용하는 그야말로 실용 영어 능력 평가 시험이다.

토플은 CBT(컴퓨터로 보는 시험)로 구조 부분에서 문제를 맞추고 못 맞춤에 따라 난이도가 다른 문제로 넘어가는 방식으로 시행되고 있다.

이런 시험은 우수학생과 비우수학생의 구분이 쉽게 나타난다. 쉬운 문제는 아무리 많이 잘 풀어도 고득점에의 한계가 있기 마련이다. 텝스는 난이도가 높은 문제일수록 높은 배점을 하여 상당히 높은 어휘수준을 요구하고 있는 편이다.

심지어는 특정분야의 전문 용어까지 공부해야 풀 수 있는 문제들이 등장하고 있다. 필자가 보건대 너무 이른 시기에 토플 영어를 시킨다고 부산하게 움직이는 것은 자칫 영어의 흥미를 떨어뜨릴 수 있을 뿐 아니라 이해의 한계성에 부딪쳐 비효율적 학습이 될 수 있다는 것을 경계해야 한다.

또한 유의할 점이라면, 토플 공부를 시켜 대학 보내겠다는 이유만으로 초등학교나 중학교 때 조기 유학 보내는 것은 더 더욱 권하고 싶지 않는 방식이다. 왜냐하면 영어 토플 우수 성적 학생을 선발하는 비율이 전체의 5% 미만이기 때문이다.

심지어 토플 만점자가 심심찮게 나타나고 있으니 그 또한 몇 년 후에 토플 만점자끼리 진학 경합을 한다면 그 부담감은 학생들이나 학부모들에게 고스란히 남겨질 것이다. 어떤 과목이든 너무 지나친 선행학습은 학생들의 학습의욕을 저하시키는 요인이 된다는 것을 잊지 말아야 한다.

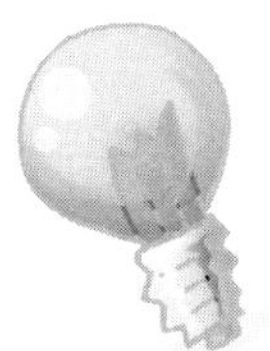# 휴일을 그냥 놀면서 때울 수는 없다

월 1회 주 5일 수업이 일선 학교에서 실시되면서 주 5일제 근무가 사실상 정착되어 가는 추세이다. 이에 예비 수능 수험생이 휴일을 어떻게 보낼 것인가도 중요한 관건이 되었다.

아직 수험 부담이 없는 모든 연령층의 자녀들은 모처럼의 휴일 부모들에게 놀아 달라, 안아 달라 조른다. 또 바깥으로 나가 새로운 것을 보여 달라 보챈다. 이때 부모와 함께 하는 아이들, 즉 장차 예비 수험생들의 체험 하나하나는 소중한 추억이자, 즐거움이며 행복한 기다림이다.

어린 시절, 아이에게 과도한 교육은 어떤 면에서 부모의 욕심일지도 모른다. 오히려 오감으로 온 몸으로 보고 만지고 느끼는 교육은 곧 감성 교육으로 직결된다. 이는 자녀의 상상력과 환경친화력, 적응력, 그리고 폭넓은 문화적 소양을 갖춰줄 수 있다.

이들의 소중한 기다림과 체험을 만족시켜 줄 수 있는 프로그램들은 결코 멀리 있는 것이 아니다. 의외로 가까이 있다. 이들이 보고 느끼고 감동할 수 있는 체험 또한 조금만 주의를 기울이면 쉽게 찾아 볼 수 있는 곳에 있다. 숲 속 답사를 통한 생태 체험, 가까운 미술관이나 박물관을 관람하는 문화체험 등이 그것이다.

다음은 서울과 서울 근교에 있는 체험 교육의 장들이며 이런 곳을 평소 시간적 여유가 있을 때에 다녀온 후 간단히 메모해 두면 후일 산교육의 밑거름이 되며 아울러 수행평가나 면접 구술 고사에 직·간접으로 도움을 줄 수 있는 기회가 됨을 잊지 말자.

서울 속 전통체험

• 북촌 한옥마을

이 지역은 오래된 전통 가옥들이 고즈넉한 골목길 사이로 고만고만하게 펼쳐져 있다. 이들 가옥들 구석구석에는 다양한 테마의 박물관들이 숨어 있는데, 체험 학습도 겸하는 곳이 많다.

• 동림 매듭박물관

이 박물관의 특징은 보는 즐거움과 직접 매듭을 만들어 볼 수 있는 체험이 함께 한다는 것이다. 관람객들이 체험학습으로 많이 선택하는 것은 휴대폰 걸이로, 체험료는 5,000원 선이며 체험시간은 약 1시간이 소요된다.

• 부엉이 박물관

관장이 30년 간 수집한 2,000여 점의 부엉이 컬렉션이 전시되어 있는 이색 박물관이다. 체코에서 온 흙으로 빚어진 부엉이

전등, 짐바브웨 부엉이 돌 조각, 동양화 속의 부엉이 그림 등 다양한 종류와 형
태의 부엉이가 전시되어 있다.

• 티베트 박물관

서울 속에서 티베트를 느낄 수 있는 작은 박물관이다. 티베트 전통 복식과 가구,
불교 미술품들이 전시되어 있어 티베트 문화와 향기를 느낄 수 있는 공간이다.

서울 속의 생태체험

• 우면산 생태공원

우면산 자연생태공원은 우면산 자락에 우거진 참나무 군락
지를 활용한 생태체험 공원이다. 도심 및 근교에서 쉽게 접
할 수 있는 '도시림과 산림의 문화'를 주제로 하였으며, 참나무 향
과 자연의 향을 느끼는 공간으로, 자연학습이 가능하고 생태보전의 중요성을
일깨워 주는 생태공원이다.

• 뚝섬 서울숲

서울숲은 옛 뚝섬 경마장과 뚝섬 정수장 자리에 조성한 공원이다. 도시에서 살
아가는 인간과 자연의 공존을 테마로 조성되었으며, 환경생태공원을 표방한다.

• 방이동 습지

송파구 방이동 올림픽선수촌 아파트 뒤편에 위치하였으며, 서울이라고 믿어지
지 않을 정도로 논이 펼쳐져 있고 버드나무가 자라는 공원이다. 조성된 지 10년
이 넘었으며, 다양한 습지식물이 군락을 이루는 대규모 습지로 개구리매, 황조
롱이, 원앙, 물총새, 오색딱따구리, 꾀꼬리, 박새 등 각종 조류와 양서류, 수생식
물들이 터전을 잡고 있다.

쉬는 토요일, 계획 없이 떠나는 나들이는 자녀 교육에 큰 도움이 안 된다. 체험학습은 교육적인 면과 경제적 부담, 교통편을 고려해 행선지를 정한 뒤 자녀와 함께 사전 준비를 철저히 해야 효과가 커진다. 즉, 체험학습을 다녀오는 곳의 사전 정보와 문화정보 등에 관해 약간이라도 숙지하고 간다면, 체험학습의 효과는 더욱 배가된다 할 것이다.

자녀를 두엇 이상 키우고 이제 손자를 키우고 있는 어느 지인의 경험을 옆에서 주의 깊게 본 결과, 필자의 생각에도 어릴 때는 억지로 공부시키기보다 그저 많이 체험시키고 많이 보여주라는 충고를 하고 싶다. 이 분은 자녀들과 함께 여행하고 체험했던 여가생활 하나하나가 자녀의 가슴에 좋은 추억으로 쌓여, 그들이 성장하는 데 밑거름이 될 수 있었다고 한다.

문화와 전통은 아는 것만큼 보인다. 사실 아는 것 그 이상의 정신세계를 문화와 전통을 통한 여가생활에서 누릴 수 있다. 여기서 부모와 함께 다녀오는 문화 생태체험은 자녀의 눈을 새로운 세상으로 돌리게 만들며, 감성시대, 오픈 마인드를 갖게 한다는 것을 늘 염두에 두자.

Part 5

선택의 기로

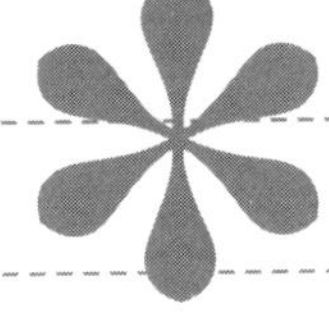
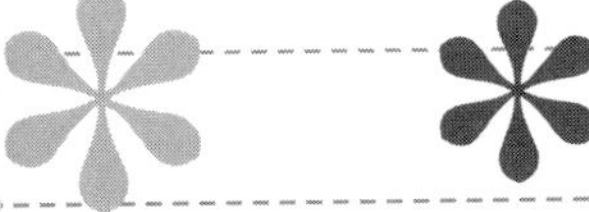

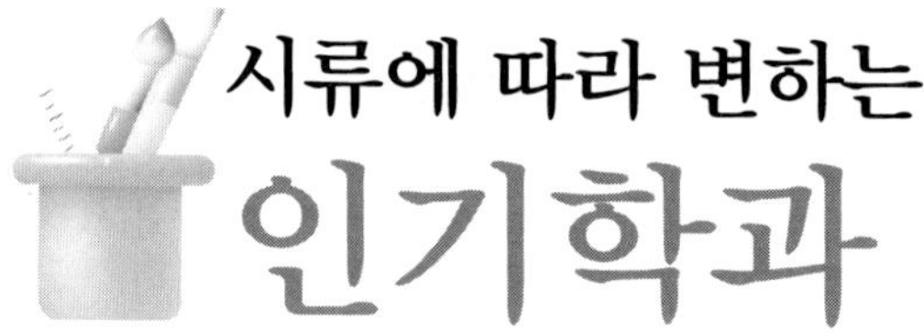

시류에 따라 변하는 인기학과

　　불과 몇 년 전만 해도 문과는 법대, 이과는 의대, 그리고 2순위로 문과는 상대, 이과는 공대…. 하위단계에서 문과는 사범대, 이과는 농대 식으로 선호하는 계열의 순위가 정해져 있었다. 하지만 이런 관행이 1997년 하반기부터 IMF 사태를 전후하여 무너지기 시작했다.

　　최근 가장 인기 있는 학과는 졸업 후 돈벌이가 잘 되는 학과라고 생각하면 된다. 아무리 학문의 수준이 낮고 교수진이 부족하고 학생들의 동문관계가 미약하다 해도 현재의 돈벌이에 도움이 큰 학과는 무조건 최고 인기학과에 랭킹되어 있다.

　　대표적인 인기학과로 초등교육과, 교육학과, 호텔경영 및 외식, 게임, 인터넷 정보산업, 경찰·경호학과 등이 각광을 받고 있다. 물론 한의대는 그 지역의 최고 명문 의과대학과 같은 단계에 위치해 있는데, 1990년 중후반에 벌어졌던 한·약(韓·藥), 한·의(韓·

醫) 분쟁을 통해 일반 시민이 모르고 있었던 한의사의 고수익 내역 (원가대비 판매가액의 고액화)이 낱낱이 언론을 통해 공개되며 인기학과로 자리매김하게 되었다.

이렇듯 향후 5년쯤에는 또 어떤 학과가 최고 인기학과가 될지 아무도 예상 못할 일이다. 다만 변호사 양산시대가 도래하여 고시천국인 한국사회에서 법학과의 인기는 다소 주춤할 것으로 예상되며, 의학과 내에서도 성형외과, 안과, 피부과 및 교정치과를 위시한 일부 진료과가 계속 득세를 할 것으로 보여, 의학과의 인기는 계속 상승가도를 달릴 것으로 보인다.

최근에 사회적 문제가 된 공대기피현상은 필자가 볼 때 당분간 더 이어질 것으로 보인다. 왜냐하면 공대 정원이 입학생 총정원의 1/3 내외 수준일 만큼 많은 데다, 불과 몇 개 학과만이 취업의 우선 대상이 될 뿐, 대부분의 공학도들이 취업 준비차 대학원을 진학하거나 실업상태로 남는 경우가 많기 때문이다.

아울러 정부의 공대 및 순수 자연과학, 인문과학에 대한 예산 지원이 줄어들었고, 실질적인 설비와 경비 지원이 대폭 삭감된 현실을 비추어볼 때, 고사상태에 이르렀다고 말할 정도의 수준에 와있다. 이것은 비단, 우리나라만의 특수한 상황이 아니고 세계적인 추세로 대학도 비즈니스의 일환으로 돈벌이가 안 되는 학과나 교수는 감소 내지 퇴출시키겠다는 시대적 흐름이다.

반면에 이화여자대학교의 초등교육과가 몇 년 전만 해도 중·하위권에 머물러 있었으나 초등교사의 평생직장 보장 및 안정적 수입으로 현재 법대, 경영대, 영문과 등을 제치고 단연 1위 자리에 올라 있다. 물론 각 교대도 최고 성적을 득점한 학생들이 지원하고 있는 상황이다.

여기에서 최근 인기가 있는 몇 개 학과가 개설된 대학을 일부 소개한다. 4년제 정규대학을 마치고 취업난 때문에 90% 이상 취업률을 자랑하는 이런 인기학과 중 2년제 전문대학으로 역회귀하는 현상도 있는 형편이다.

• 호텔외식학과
경남정보대학, 경북과학대학, 동서울대학교, 세명대학교, 우송대학교, 중부대학교, 한국관광대학, 극동대학교 외

• 초등교육과
서울교육대학교, 이화여자대학교, 청주교육대학교, 한국교원대학교 외

• 게임학과
건양대학교, 경동정보대학, 공주대학교, 극동대학교, 대덕대학, 대불대학교, 숭의여자대학, 원광디지털대학교, 전남과학대학, 청강문화산업대학, 한국산업기술대학교, 혜전대학 외

• 미용학과
거창전문대, 나주대학, 동강대학, 마산대학, 서경대학교, 안동정보대학, 전남과학대학 외

• 애완동물
경북과학대학, 김천대학, 대구과학대학, 동아인재대학, 서정대학, 선린대학, 영동대학교, 원광대 외

• 경호학과
경기대학교, 경남대학교, 대경대학, 대구과학대학, 대구미래대학, 동서대학교, 서울스포츠대학교, 용인대학교, 우석대학교, 중부대학교, 호원대학교 외

- **카지노 딜러**

  부산여자대학, 성화대학, 세경대학 외

- **보안과**(정보보호학 관련)

  나사렛대학교, 대구한의대학교, 대전대학교, 동국대학교, 목원대학교, 서울여
  자대학교, 세명대학교, 순천향대학교, 영동대학교, 중부대학교, 호서대학교 외

- **디자인과**

  건국대학교, 경기대학교, 부경대학교, 상명대학교, 세종대학교, 조선대학교 외

- **유전공학과**

  경희대학교, 한림대학교, 배재대학교, 순천향대학교, 조선대학교, 대구가톨릭
  대학교, 대구대학교 외

일반계 전형이 아닌 특별 전형으로 여름철 전후에 수험생을 선발하는 특수목적 대학들이 있다. 이들의 설립 목적이 장래의 직업에 직접 연계되어 있어 다른 길로 이동하는 경우가 없이 졸업 후 진로도 해당 대학을 졸업한 그 길로 가므로 취업난을 면할 수 있어 인기가 높은 대학군에 속한다.

2007학년도 현재는 총 8개 대학이 있으며 별도의 학습을 강구해야 한다. 경찰대학교, 육군사관학교, 공군사관학교, 해군사관학교, 국군사관학교, 간호사관학교, 한국전통문화학교, 한국예술종합학교, 한국과학기술원이 그것이다.

이중 몇 개 대학의 요강을 살펴보자.

⬡ 경찰대학교

법학과 60명, 행정학과 60명. 총 120 명을 선발한다.

총 3단계의 전형을 거치는데, 1차에 언어, 외국어, 수학을 보게 된다. 여기서 수능 수학과 달리 수학이 공통수학에 해당하는 10-가, 나를 포함하므로 수학의 변별력이 매우 높게 요구되는 것을 유의해야 한다.

2차로 신체, 체력, 적성, 면접 검사를 실시하고, 3차로 1차 성적과 체력 및 내신성적, 수능 점수를 합산하여 최종 선발하게 된다. 이들의 평균 수능득점을 분석해 보면 국내 최고 명문대학의 상위학과 수준이다.

설립 초기보다 시일이 흐르면서 취업난, 고용 불안을 해소할 수 있는 장래의 취업전선과 연계하여 최고 인기대학 중의 하나로 꼽히고 있다. 아울러 수능고사 이전에 1차 선발 과정이 있어 복수지원의 규정을 적용받지 않아 허수가 없다는 점도 주목할 일이다.

⬡ 육군 사관학교

매년 8월 초에 1차로 학과 시험(언어, 외국어, 수리영역)을 보게 되고, 2차로 1박 2일로 합숙하며 적성검사를 실시한다. 3차로 1 · 2차 전형성적에 내신과 수능점수를 총합산하여 최종 선발하게 된다.

⬡ 한국전통문화학교

정원은 140명 내외이며 문화재 관리, 전통 조경, 전통 건축, 보존 과학 등의 전공으로 구분 선발한다. 이는 각 분야에 대한 특별 자격증이나 고유의 독특한 기술 보유자이면 유리하도록 되어 있다.

⬡ 한국과학기술원

카이스트(KAIST)로 알려져 있는 대학기관인데 총 700명을 선발한다. 1차에 640명, 나머지를 2·3·4차에서 선발한다. 특히 과학영재 선발위원회로부터 이 대학에 지원 자격을 인정받은 자도 포함하고 있으며 선발 방식은 1차에 영어 성적을 포함한 서류 전형으로 진행하고, 2차에 전문성과 인성을 평가하는 면접과정을 따른다.

여기서 영어 성적이 상당히 중시되는데, 토플이나 텝스 등이 인정되고 있다.

1차 선발에 포함되는 자격은 아래와 같다.

- 고교 재학 중 한국 물리·생물·수학(2차 시험)·화학정보 올림피아드(Olympiad) 고등부 최우수상 및 대상, 금상 수상자(전국규모 수상자)

- 고교 재학 중 국제과학경진대회(ISEF) 참가자

- 고교 재학 중 전국과학전람회에서 단독 또는 공동작품을 제출하여 국무총리상 이상을 수상한 자

- 고교재학 중 한국 청소년 물리학자 토너먼트(구 한국물리탐구토론대회) 금상 수상자 및 국제청소년 물리학자 토너먼트(구 국제물리탐구토론대회) 참가자

경찰대학교, 육군사관학교, KAIST 외에 여러 특수목적 대학들은 재학 중 등록금 등의 감면 내지 면제 혜택이 많고 취업 보장에 큰 이점이 있어서 수험생들이 많은 관심을 갖고 있으나 자격상의 문제나 수능 고사 이전에 자칫 학습 분위기 저해의 요인으로 작용될까봐 주저하는 학생들이 많다.

이런 분야에 특히 적성이 부합되고 성적이 어느 정도 접근한다면 한번 노크해 볼 만하다.

　　요즘 중학교 1학년 또는 2학년쯤에 자녀의 직업적성 검사를 받으러 사설기관을 찾는 경우가 많다. 사설기관의 한 직원으로부터 들은 바에 의하면, "우리 아이가 의대나 법대에 적성이 있는지 여부를 잘 체크해 봐 달라."는 개인적 주문을 많이 듣는다고 한다.

　의사와 변호사가 돈을 잘 버는 직업이라는 인식과 그것을 따라가려는 자연스러운 현상일지도 모르겠다. 그렇기 때문에 의과대학과 법과대학이 각 대학마다 최고의 서열에 놓여 있음은 사실이다. 그러나 의과대학의 경우 2004년부터 치의학 전문대학원을 개설하기 시작하여, 2008년쯤에는 대부분의 대학이 의대, 법대 학부생을 따로 뽑지 않고 전문대학원으로 탈바꿈할 공산이 크다. 의대와 법대가 3년 과정의 대학원 과정으로 바뀌게 되면 학부에 관계없이 누구나 의사나 법률전문가가 될 수 있음을 뜻한다.

　앞으로는 의대를 가기 위해서는 필수이수 과목이 많이 포함된 생명공학, 미생물, 생화학, 생물학과 및 연관학과들이 의대를 가기 위한 예비과정으로 인기가 있을 것으로 보이며, 약대의 경우도 종전보다 서서히 인기가 높아가고 있는 추세다. 이 또한 의과대학원을 지망하기 위한 사전 포석과 같은 성격의 지원형태로 풀이된다.

앞으로는 연관학과를 지원하여 필수이수과목을 수학하여 자격증을 따면 누구나 의사나 변호사가 될 수 있게 되었다. 로스쿨(Law school)의 경우 2008년부터 시행되는 제도인데, 기존 법대를 없애지 않고 그대로 두는 대학도 로스쿨이 정식으로 개설되면 대학 4학년 과정의 학부는 자연히 없어진다. 법률전문가가 되는 경로도 다양하여 꼭 법학과 출신이 그렇게 되는 것보다는 학부에서 국문학, 국사학, 사회학 등을 전공한 사람이 차후 이런 법률가가 되었을 때 국가적으로 훨씬 유익하고 경제적인 운영을 할 수 있다고 본다. 즉 풍부한 경험과 사회의 다양한 현상에 대한 이해력을 갖춘 전천후형의 법관이 오히려 합리적이고 보다 더 전문적인 판결을 내릴 수 있기 때문이다.

명문대학의 치의학 대학원에서 최근 그 대학 출신의 학부생을 90% 내외로 집중 선발하게 되어 사회적으로 비난을 받은 바 있는데, 앞으로는 개선해야 할 부분이기도 하다.

우리나라도 교육이 선진화 되어가는 과정에 있다고 전제할 때, 의대나 법대 편중 현상은 수년 내에 다소 누그러질 것으로 보인다. 그렇기 때문에 학부모 주도의 의대 · 법대 입학에 관한 강한 주장은 장차 자녀의 미래를 자칫 그르칠 수도 있음을 경계해야 한다.

미국의 경우, 변호사 수임료가 일반 대기업의 보수와 유사한 수준이라는 보도를 접한 적이 있다. 우리나라도 현재 변호사 양산 시대라고 하지만, 앞으로 계속 기하급수적으로 늘어나고 있음을 볼 때, 변호사 업계도 부익부 빈익빈, 약육강식 현상의 정글법칙이 엄연히 적용될 것으로 보인다.

그렇다면 의대 · 법대를 가기 위한 사전 작전으로 위에 언급한 관련학과를 지원하여 결국 이런 의대나 법대쪽으로 탈바꿈하는 현상이 심해지게 되면 관련 학과(생물, 화학, 농대 등)의 학문 공동화(도넛 현상 : 도심내의 지가상승과 각종 공해로 주거지가 교외로 이동하게 되어 도시의 중심부가 텅 비게 되는 현상과 비슷하게)가 생겨 국가적으로 큰 낭비를 초래할 수도 있다.

특례입학

부모가 공무원이나 상사 주재원 등의 자격으로 외국에서 일정기간 근무함에 따라 자녀가 해외에 동반, 거주하며 수학기간이 4년 이상일 때(서울대학교 기준) 재외국민 특별전형 자격이 주어진다.

좀 더 자세하게 설명하자면 다음의 하나에 해당하는 자이다.

- 외국에서 수학기간이 4년 이상인 자로 외국의 고등학교 과정 1년 이상을 포함해 연속하여 중등과정(국내 중·고등학교에 해당하는 과정) 2년 이상을 이수한 자
- 외국에서 수학기간이 4년 이상인 자로 외국의 고등학교 과정 1년 이상을 포함해 통산 중등과정 3년 이상을 이수한 자
- 국내 고등학교 3년에 해당되는 전부를 외국에서 이수한 자(고등학교 과정 중 월반 또는 조기졸업자는 제외)

다른 대학도 이와 유사한 경우로서 특례입학을 추진할 때에는 관할 교육청과 시교육 위원회에 구체적 사례별로 직접 상담문의를

하여야 한다.

한 학생은 특례학습을 1년 이상 해 왔으나, 막상 원서 쓸 시점에 가서 통산 날짜를 계산하여 보니 교육당국에서 요구하는 출국날짜와 외국 고등학교 입학 날짜의 큰 차이로 인하여 10일 정도 이수기간에 모자라서 결국 특례 대상이 안 된 경우가 있다. 결국 그 학생은 수능으로 대학을 가기 위해 또 다른 시간과 노력을 준비해야만 했다.

그렇기 때문에 해당 학부모는 자신의 입출국 사실 확인서와 입학 관련 증명서를 지참하여, 가고자 하는 대학의 요건을 찾아 관할 시 교육위원회와 해당 대학에 직접 방문 상담할 것을 권한다.

특례 응시과목은 대학별로 다르나 대체로 인문계의 경우 언어(논술 포함)와 영어 또는 언어·논술(영어 및 수학), 자연계의 경우는 영어 및 수학을 보는 경우가 많다.

원래 특례입학의 취지는 장기간 해외거주에 따른 국내 학생들과의 학업격차의 핸디캡을 보전해 주고자 1979년부터 시행한 제도이다. 그러나 최근에는 세계화 시대에 살다보니 특례입학 대상 학생이 기하급수적으로 늘어나서 오히려 일반 인문계 고교의 대학입학 상황보다 더 어렵다고들 한다.

실제 전형과목 중 영어는 완전독해와 영작, 수학은 과거 대학 본고사 형태와 같은 서술형 문제를 위주로 하는 명문대학이 많아 외국에서 수학한 내용이 국내에 와서 무용지물이 되는 제도상의 모순 때문에 서울대학교에서는 완전 폐지여부를 검토하고 있다. 이는 다른 대학에도 상당한 파급효과를 가져다 줄 것으로 보인다.

참고로 서울대학교의 2006학년도 전형방법을 소개한다.

서울대학교 2006년 특례입학 전형방법

1단계 전형에서 모집단위별 선발 상한 인원의 2배수 이내를 선발하며, 합격자는 전형요소 총점을 기준으로 계열별 · 모집단위별 성적순으로 선발한다.

1) 서류평가

지원자가 제출한 자기소개서, 추천서 및 기타참고 서류를 기초로 자원자의 학업성취도, 학업관련 활동사항, 수상경력, 어학능력 및 전공적성 등을 종합적으로 평가한다. 또한 고등학교 재학 중에 참여했던 교내외 활동, 관심분야 및 관련 활동, 지원동기 등이 평가에 고려된다.

2) 논술고사

- 근무자 자녀: 선택 외국어 논술

- 영주자 자녀: 한국어 논술

- 북한 이탈 주민: 한국어 논술

3) 수학필기고사 출제범위

- 인문계열 : 10-가, 10-나, 수학 I

- 자연계열 : 10-가, 10-나, 수학 I, 수학 II, 미분과 적분

4) 면접 및 구술고사

모집 단위와 관련한 학업적성과 기본소양을 평가한다.

- 인문계열 모집단위 : 인문, 사회분야 전반과 소양을 평가. 2문항중 1문항 선택

- 자연계열 모집단위 : 자연과학 분야와 관련한 사고력과 응용력을 평가, 3문항 중 1문항 선택

- 고사 소요시간 : 지원자 1인당 10분 내외(답변 준비시간 10분)

- 제출서류를 참고하여 추가질문을 할 수 있다.

다른 대학의 경우 학생들 간의 학력차가 일반 수능을 치르는 학생들보다도 훨씬 큰 차이로 벌어지는데 이는 입시문제가 상당수 주관식 내지 서술형을 포함하고 있는 것도 큰 원인 중 하나이다. 그러므로 특례학생의 경우는 무엇보다도 서술형 학습을 위주로 하여야 하고, 특정단원을 심층적으로 분석 확인하는 작업이 필수적이다.

대충 껍데기만 훑고 넘어가는 형식의 학습은 특례입시에서는 통하지 않는다. 심지어 어떤 학생의 경우는 고 3 때 특례로 응시했다가 재수하며 수능으로 바꾼 경우도 있다. 그만큼 특례입시가 과거와 달리 상당히 어려워졌음을 시사한다.

이런 특례학생이 대학에 들어가서 대부분 상위권 성적을 유지하고 있다고 들은 바 있다. 그것은 아마도 평소 학습 방식이 논리성과 합리성을 요구하는 서술형 학습 방식이 습관화되어 있기 때문일 수도 있다.

혹시 현재 해외에 체류 중인 특례예비대상자일 경우에는 대학별로 지원하고자 하는 대학에 각각 문의하여 응시하고자 하는 연도에 특례입학제도가 존재하는지의 여부를 따져봐야 하고, 존재한다면 자신의 경우가 자격에 부합하는지를 꼭 확인하여야 한다. 이때 확인하는 방법은 단순 전화나 상담 방식보다는 문서접수를 통한 질의 방식이 안전책이라 할 수 있다. 그 이유는 앞에서 밝힌 바와 같다.

특례전형에서 면접구술 문제는 학업과 관련한 전문적 문제보다는 인문사회와 자연과학 분야의 기본적 소양을 평가하는 문제들이 자주 출제되고 있다. 한 예로 수도권 인구의 집중을 막기 위해 충청 지역의 행정타운을 만든 것과의 연관성을 피력하는 문제가 나왔는데, 별 큰 어려움과 전문지식이 없어도 쉽게 답변할 수 있었으리라 본다. 다만 여기서 면접에서 설명할 당시의 문장 구성 능력과 발표력이 중요한 변수로 작용한다.

모 대학에서는 자기소개를 영어로 2분 내외로 하라고 해서 아주 능통하게 잘 말했으나 추가 질문으로 방금 학생이 말한 내용을 우리말로 자기소개를 다시 해 보라고 했는데, 계속 더듬더듬 거리며 어눌한 우리말 구사에 심사 교수는 대학의 수업을 이해하지 못할 수준이라 판단하여 큰 문제로 제기하여 불합격시킨 사례가 있다.

위의 사례를 보면 영어 만능은 아닌 듯싶다. 대체로 특례학생의 경우 영어는 점수 차가 그다지 크지 않은 편에 속하며, 반면 언어와 일부 명문대학의 수학과목이 절대적 결정력을 갖고 있음을 참고하는 것이 좋겠다.

조기 유학, 정말로 신중해야 한다

　　2000년도에 조기 유학생의 숫자가 4,397 명이던 것이 2004년 말에는 16,226 명으로 무려 4배나 급증하고 그 중 초등학생의 유학은 무려 9배나 증가했다.

　　기획 예산처가 유학 학부모를 대상으로 유학하는 동기를 조사한 바에 따르면 초등생은 특목고를 쉽게 가기 위한 경우가 가장 많았고 중·고생은 국내 교육에 대한 불만과 부적응이 가장 많았다. 국내 교육에 대한 부적응으로 유학을 떠나는 경우는 99%가 실패한다는 항간의 가설을 입증이라도 하듯 각 언론매체에서도 나름대로의 연구 조사를 밝히며 그 사실이 속속 드러나고 있다.

　　초등생은 5학년쯤 떠나서 3년 내외를 유학하여 공부한 후 되돌아오면 특목고 진학에 유리하다는 계산을 하는 모양이다. 그러나 이는 특목고를 가기 위해 유학을 떠나기에는 기회비용이 너무 많이 드는 편이다.

특목고 선발 기준을 들여다보면 유학생이나 토플 우수 성적을 절대 우선 선발하는 비율이 의외로 낮다는 점이다.

국제화 시대에 발맞추어 한국인들의 해외진출은 계속 장려할 만한 사안이다. 중·고생이 유학을 떠날 때 자율적으로 청운의 꿈을 안고 떠날 수 있는 시기인데도 실제 유학을 가는 학생들의 많은 비율이 국내 학습 부적응 때문임을 볼 때 해외 유학의 길은 외관상 그럴 듯한 논리로 합리화될 수 있을지 모르나 신중에 신중을 거듭하여 결정을 내려야 한다.

더욱이 부모 중 어느 한 분이 동반하지 않을 시에는 탈선의 기회와 자율적 학습의 어려움이 상존함을 직시해야 한다.

지방에서 서울 강남의 명문 학군지역으로 전학하려고 관할 교육청에 전학 신청을 하면 학기 초에 쉽게 배정되는 경우가 많다. 바로 유학을 떠나는 학생들의 자퇴가 강남에서 흔히 일어나기 때문이다. 유학을 떠나는 대상 국가는 미국을 비롯하여 영국, 호주, 캐나다 등 교육 선진국이 주류를 이루나 2005년 이후는 필리핀, 말레이시아, 중국 등 아시아 인근 국가로의 유학이 많아지는 추세이다.

비용 절감효과 외에 향후 교육 서비스의 개방을 앞두고 국내에서 획득하기 힘든 자격증을 해외에서 수료한 다음 귀국하여 국내에서 정식 영업활동을 하려는 속셈을 갖는 경우도 많다. 그래서 중의학을 공부하러 중국 의과대학에 진학하는 한국인들이 매우 많은 것으로 파악되고 있다. 국내 한의학계의 강한 반발과 양국간의 교육 슬라이딩(Sliding)이 원활하게 연계되지 않은 현실을 볼 때 자칫 사

설 유학원의 과장된 권유만 믿고 떠나는 실수를 하지 않기 바란다.

학생들 자체의 문제만이 아니라 기러기 아빠의 외로운 생활이 사회 문제화 되더니 최근에는 자녀와 함께 떠난 기러기 엄마의 사회문제가 보도되고 있다는 것을 타산지석으로 삼아야 한다.

필자가 캐나다 밴쿠버에 며칠간 체제할 일이 있었는데 다운타운에 있는 한국인 마트가 어디 있는지를 현지 영사관에 전화를 한 적이 있다. 위치를 들어 봐도 어디가 어디인지 애매해서 직접 다운타운에 가서 한국인을 찾아보기로 했다.

거짓말처럼 들릴지 모르나 밤 8시경인데 거리를 나다니는 학생들 3명 중 한명 꼴로 한국 학생들이었다. 꼭 서울의 강남역에 와있는 착각이 들 정도였고, 그 학생들에게 찾고자 하는 길을 묻기가 아주 편리했었다고 하면 좀 지나친 표현일까.

보호자의 동반 유학이 아니라면 조기 유학은 더더욱 말려야 할 일이다.

Part 6

체력이 승자의
실력을 만든다

수험생의 건강관리

고 1~2학년 동안 줄곧 상위권을 유지하던 한 학생은 3학년 1학기말고사 성적이 갑자기 형편없이 떨어졌다.

기말시험을 1개월여 앞둔 시점부터 나른함과 무기력감이 생기고 정신적으로 불안하며 산만해져 책을 보고 있어도 집중할 수 없고 시험범위를 이미 훑었는데도 금방 잊어버려 전보다 책상에 앉아있는 시간은 많아졌는데 시험결과는 오히려 참담할 만큼 저조해서 다가오는 수능이 두렵기만 하다는 것이다.

엄마의 손에 강제로 끌려오다시피 한의원에 내원하여 적외선 체열진단검사와 스트레스검사를 통한 분석결과 성적이 급락하게 된 원인을 알게 되었다.

인간은 머리가 맑고 차가워야 건강할 수 있고 공부 역시 효율성이 높아진다. 머리에 열이 많아 산만하고 집중력이 떨어진 상태에서는 많은 시간을 투자한다 해도 그 효율성은 떨어진다.

학령기 아이들은 뇌 사용량이 많은 만큼 뇌의 피로가 심각한 수준이며 고 3 학생의 경우에는 피로도가 질병의 수준만큼 악화되어 있다. 뇌의 무게는 전체 몸무게의 2%에 불과하지만 전체 에너지 소비량의 20%를 넘게 차지한다. 학업에 대한 스트레스와 공부로 인하여 뇌의 활동은 필요 이상으로 초과되어 뇌 내로 많은 혈액이 몰리면서 상열하한(上熱下寒) 즉 머리가 뜨겁고 발이 차가워지는 병리적인 현상이 나타난다.

한열 변화를 파악해서 질병을 진단하는 적외선 체열진단검사가 있는데, 이 학생의 경우에는 정상적인 두한족열(머리가 차고 발이 따뜻해야 건강하다)의 상태가 역전되어 오히려 머리에 열이 많아 높은 열을 의미하는 적색의 컬러가 나오고, 배와 하체는 차가워진 상태를 의미하는 청색 컬러가 나타났다. 공부를 위해 너무 오래 앉아서 머리만 쓰고 운동을 통한 하체 단련 시간이 별로 없기 때문에 나타나는 진단 결과였다.

스트레스 검사 결과 자율신경계 내의 교감신경 기능이 지나치게 항진되어 있어 사소한 일에도 과민반응을 보이고 가슴이 자꾸 두근거리는 신경불안정 증상과 누적된 피로로 인하여 체력이 바닥난 것으로 나타났다.

머리를 맑히고 정신적인 안정을 유도하는 약재와 배를 따뜻하게 데워주는 약재를 투약한 후 재검진한 결과 정상적인 두한족열이 회복되고 자율신경계의 불균형이 개선되었다.

그러나 두 검사 결과에 나온 문제점 해소가 반드시 치료라는 행위를 통해서만 가능한 것은 아니며 일상생활에서 자기 노력으로 극복할 수 있다.

하루 20여 분의 빠른 걸음걸이와 20여 분의 족욕이면 차고 맑은 기운은 머리로 올라가고 탁하고 따뜻한 기운은 다리로 내려가는 두한족열의 여건을 조성하므로 비록 단순하게 보일지 모르지만 이 두 가지만 규칙적으로 해준다면 생각 이상으로 좋은 효과가 나타날 것이다.

대학 진학을 앞둔 고 3들의 정신적인 고민은 이만 저만이 아니다. 하지만 고 3이라는 부담을 벗어나기 위해 안간힘을 쓰기보다는 현실을 그대로 받아들이고 남아있는 기간 동안 최선을 다해보자는 현명한 다짐이 필요하다.

공부에 대한 억압을 풀기 위해 발버둥칠수록 오히려 스트레스라는 수렁에서 헤어나기 힘든 법이므로 누구에게나 고 3은 힘든 시기라는 현실을 인식하고 담담하게 받아들이면 마음이 편해지고 여유가 생길 것이다.

온통 공부로 하루를 도배하지 말고 하루 10분 정도 자기 자신을 위해 써 보자. 운동이든 음악이든 수다든 상관없다. 자기 맘이 편해질 수 있는 것이라면 찾아서 해 보라는 얘기다. 짧은 시간이지만 마음을 휴식하게 하는 데 큰 도움이 될 수 있다.

수험생 체력과 점수의 상관관계

동의보감 신(神) 편에 나오는 건망(健忘)문을 보면 총명탕(聰明湯), 강심단(降心丹), 주자독서환(朱子讀書丸), 공자대성침중방(孔子大聖枕中方) 등 많은 처방이 나온다.

얼른 한자의 내용을 훑어보아도 알 수 있는 것처럼 이러한 처방들은 예전부터 공부하는 사람들의 학습능력을 높이고자 자주 쓰이던 명방들이다. 이 중에도 특히 총명탕은 쉽게 잊어버리는 사람에게 오래 먹이면 하루에 능히 천 가지에 달하는 단어를 외울 수 있다 하여 오늘날까지 널리 전해오고 있으나 그 처방도 체질에 따라 달라서 모두에게 좋은 것은 아니다.

예나 지금이나 성공을 하기 위해서는 스스로의 부단한 노력이 있어야 성공으로 가는 지름길이 열리고, 그래서 가시밭 같은 길이지만 미래를 위해서 열심히 노력을 한다.

그러나 세월이 갈수록 경쟁은 날로 치열해지고 학생으로서 배워야 할 일과 해야 할 일이 여러 방면에 많이 있으나 다른 것은 도외시 된 채 모든 초점을 공부에 맞추는, 학교가 전인교육이 아닌 오직 공부만을 위한 획일교육의 장이 되어 버린 것 같아 입맛이 씁쓸하다.

이렇게 공부에만 매달리는 생활이 반복적으로 지속되면 정신적으로나 육체적으로 만성 피로에 빠지게 된다. 쇠로 만든 기계라고 해도 쉬지 않고 반복적으로 사용하다 보면 고장이 나게 마련인데 하물며 인체에는 그 부담이 얼마나 가중될 것인가?

이러한 수험생들에게 대체로 발생하는 문제점은 크게 둘로 나눌 수 있다.

첫째, 수면 부족과 운동 부족에 따른 육체적인 체력 저하 문제이다.

수면이 부족해지면 만사가 귀찮고 식욕이 떨어지며 책을 잡고 있는 시간은 많을지언정 집중력이 떨어져 능률이 오르지 않는다. 오래 앉아 있는 시간이 많기 때문에 관절과 근육이 굳어져 가벼운 충격에도 손목 발목 관절을 쉽게 다치고 허리 부분의 근육이 경결됨으로서 허리가 펴지지 않고 자주 아프게 된다. 때문에 체력이 가장 왕성해야 될 시기에 농구 등 가벼운 운동 중에도 신체가 쉽게 손상되어 병원을 자주 찾게 된다.

둘째, 진학에 대한 스트레스로 인한 정신적인 압박감에 시달린다.

시험 시간이 다가올수록 마음은 더 조급해지기 때문에 심리적인 불안감으로 하루종일 책상에 앉아 책을 잡고 있지만 실제로는 집중력이 결여돼서 무엇을 공부했는지 멍해지는 경우가 대부분이다. 컴퓨터의 용량에 한계가 있어서 너무 많은 자료를 입력시키면 에

러가 나듯이 사람도 이와 다르지 않아서 기억할 수 있는 한계를 넘어 버리면 기존에 들어 있던 지식마저 혼란스러워지고 집중력이 떨어져 오히려 비효율적인 방법이 되고 만다.

이렇게 육체적, 정신적인 피로도가 심해졌을 때 본인이나 주변 사람들은 보약을 떠올리게 될 것이다.

그러나 시험을 코앞에 두고 복용하는 보약은 생각하는 만큼 효과가 빨리 나타나지 않는다. 현재의 제도처럼 11월에 수능시험이 있으므로 그 해 봄이나 여름에 복용시켜 체력을 미리 쌓아놓는 것이 바른 방법이며, 때를 당해서 약을 먹고 바로 효과를 원한다면 볍씨를 뿌리고 이내 수확을 바라는 거나 마찬가지다.

과거에는 가난한 가정에서 태어난 학생들이 공부를 열심히 하여 명문대에 들어간 경우가 많았지만 요즘은 부유한 가정의 자제들이 명문대에 합격률이 높은 것은, 물론 값비싼 강의료를 치르고 유명한 전문입시학원 등에서 꾸준히 공부를 한 까닭도 있겠지만 체력을 비축시키기 위해서 물심양면의 지원을 아끼지 않는 정성도 무시할 수 없다. 또 하루에 10분 내지 20분 정도 다리를 많이 사용하는 조깅을 해줌으로써 머릿속에 끼여 있는 탁한 기운을 아래쪽으로 끌어내려주고 땀을 내서 노폐물을 체외로 배출시켜준다면 이 또한 좋은 보약이 될 것이다.

 성적을 올려주는 총명탕

해가 갈수록 입시경쟁이 치열해지고 있다. 고등학생이 되면 이미 수험생이 되고 고 3년이 되면 아예 모든 가족의 생활이 그 학생을 중심으로 이뤄질 만큼 수험생 자신이나 부모는 비상상태에 진입하게 된다.

부족하지 않은 음식영양으로 요즘 학생들의 체격은 과거보다 훨씬 커졌지만 공부시간에 치우쳐 운동량이 현저히 줄었기 때문에 체력은 오히려 한참 뒤쳐져 있다고 한다.

그러나 체력은 곧 점수라고 할 만큼 수험생의 승부처는 체력 싸움이라고 볼 수 있듯이 수험생의 만성피로와 점수는 직접적인 관계가 있다. 만성적인 피로가 쌓이게 되면 학습능력이 심하게 떨어진다. 체력이 저하되면 지구력이 떨어지는데 요즘 입시 승부의 관건은 바로 지구력으로, 공부를 하고자 해도 체력의 뒷받침이 없다면 자연히 효율은 떨어진다.

만성 피로는 중추신경계를 자극하여 집중력과 기억력 저하를 초래하는데, 이는 설사 많은 시간동안 손에 책을 들고 있다 해도 투자시간 대비 효율이 떨어지는 결과를 가져온다.

또 피로가 심할수록 스트레스에 대한 대처능력이 떨어져 심리상태가 불안정해지고 그만큼 학습능력은 저하된다. 최근의 실험결과에 따르면 그동안 경험으로만 효능이 인정되었던 한약의 효과가 기력 보강은 말할 것도 없고 뇌기능과 심리상태에 아주 좋은 영향을 준다고 한다.

동의보감을 살펴보면 총명탕, 장원탕, 주자독서환, 공자대성침중환 등의 처방을 볼 수 있는데 이는 그 시대에 과거 시험을 앞둔 선비들이 정신적 육체적 압박감에서 벗어나 좋은 성적을 올리기 위해 애용했던 처방들이다.

그 중에서 수험생의 머리 맑히는 으뜸 처방이라고 알려진 총명탕은 백복신, 석창포, 원지라는 약물로 구성된 처방으로, 백복신은 심(心)을 보(補)함으로써 놀람, 성냄, 황홀함 등을 진정시켜 마음을 평온하게 해주고, 석창포는 마음을 열어 넓게 만드는 효과가 있으며, 원지는 의지를 굳게 하고 정신을 돋워주는 역할을 한다.

총명탕은 하루에 천 마디 말을 외울 수 있다(久服能日訟千言)고 할 만큼 효과가 우수한 처방으로 여러 가지 중에서 가장 많이 쓰는

처방이기도 하다. 그러나 총명탕이 수험생에게 천편일률적으로 투약되는 것은 아니다. 한방에서는 체질과 증상을 판별하여 처방하므로 수험생이라 해도 정확한 진단을 통하여 개개인의 특성을 파악한 맞춤처방을

하고 있으므로 단순히 총명탕 그대로의 원방을 응용하는 예는 거의 없다고 봐야 한다.

총명탕을 처방하되 기력이 떨어지고 의욕이 없어지는 경우에는 기혈(氣血)을 보하는 약물을 첨가하고, 소화가 잘 안되고 밥맛이 없으며 배가 자주 아픈 경우에는 소화기능이 떨어진 것이므로 비위(脾胃)를 개선시키는 약물을 첨가하며, 시험기간이 다가오면 가슴이 두근거리고 이유 없이 불안하며 숙면을 취하지 못하고 두통 등이 생기는 경우에는 간담(肝膽)의 기능을 제고시키는 약물을 첨가하듯이 내 몸에 적당한 맞춤 처방을 하는 것이다.

혈기 왕성한 시기에 수능이라는 대사를 앞두고 한약을 복용하면 그 기운이 다른 곳으로 가서 이성에 눈을 돌리거나 공부에 집중하지 못할까하는 부모님들의 걱정이 있으나 무조건 기운을 올려주는 약재를 처방하기 보다는 피로를 풀어주고 심신을 안정시키는 약재로 처방을 구성하기 때문에 그 점에 대해서는 염려를 덜어도 된다.

수능을 앞둔 고 3학생이라면 총명탕을 투약하기 좋은 시기로서 학기 초, 여름방학 전후, 수능 한 달 전후에 걸쳐 집중적으로 복용하는 것이 효과적이지만 간혹 수능 시험을 코앞에 두고 그때서야 부랴부랴 한의원을 찾는 부모가 있어 아쉽기도 하다.

머리가 차고 다리가 따뜻하면(頭寒足熱) 단연 공부의 효율이 높아지는데, 20분간의 빠른 걸음걸이와 30분간의 족욕(足浴)은 생각보다 훨씬 좋은 두한족열의 효과를 가져 올 수 있으므로 꼭 실행에 옮겨보길 바란다.

축농증은 머리를 나쁘게 만든다

축농증에 걸리면 머리가 나빠지고 공부를 잘 하기 어렵다고 생각하는 사람들이 많다. 축농증이 머리 자체를 나쁘게 한다는 말은 잘못된 지식이지만 반면에 집중력과 기억력이 저하되어 성적이 떨어지는 경우가 많기 때문에 이러한 소문의 옳고 그름을 따진다면 반은 맞고 반은 틀린 셈이다. 따라서 축농증에 걸린 학생이 성적이 떨어지는 것은 두뇌가 나빠져서 오는 결과가 아니라 축농증으로 인한 두통 때문이므로 축농증이 머리를 나쁘게 한다는 생각을 버리고 꾸준히 치료를 하는 것이 중요하다.

축농증은 글자의 뜻풀이를 보면 고름이 쌓여 있는 상태를 말하는데, 얼굴에 부비동이라고 하는 빈 공간이 네 군데 있으며 정상적인 경우에는 부비동 안에 공기가 차 있지만 비정상적으로 이곳에 염증이 발생되어 고름이 쌓이게 되는 현상을 이르는 것으로 만성 부비동염이라고도 부른다.

부비동에는 공기를 공급받기 위해 코 속과 연결되어 있는 통로가 있는데 이곳이 막히면 부비동 안으로 공기가 들어가지도 못하고 안에 있는 분비물도 배출되지 못하게 되어 부비동 안에 쌓이게 된다. 이 상태에서 만일 세균이 코 속으로 침입하면 쌓여 있던 분비물이 고름으로 변하게 되어 축농증이 된다.

축농증에 걸리면 얼굴뼈 속에 염증과 고름이 생기므로 이에 따른 증상이 생기게 되는데, 증상은 부비동의 점막이 붓고 염증성 분비물인 고름이 고여 있어서 코막힘, 누런 콧물이 코 앞이나 코 뒤에서 넘어가거나 두통, 목의 이물감, 열감 기침 등의 증상이 생기며, 급성기에는 눈 주위의 부종이 생기거나 얼굴 부위의 통증이 있을 수 있고 심하면 어지럼증, 머리가 무거운 느낌 등을 호소하며 취각이 감퇴된다. 오래되면 학업능력 저하 등이 나타날 수 있고 심한 경우 가래에서 악취가 심하게 나기도 한다.

아이들은 구조상으로 코 안에서 부비동으로 통하는 곳이 성인에 비해 더 잘 소통이 되는 구조로 되어 있어서 감기로 인하여 쉽게 비염이나 축농증이 잘 생기게 된다.

소통이 자유스런 구조로 인하여 축농증 치료가 잘 되지 않는 경우에는 이차적으로 중이염과 같은 합병증이 생길 가능성이 높으며 아이들은 면역기능 저하나 알레르기가 축농증 발생과 연관이 많다. 그러나 아이들의 축농증은 성인에 비해서 치료도 잘 되는 편이고 경과도 짧은 경우가 많으므로 초기에 치료를 해서 만성화하는 것을 피해줘야 한다.

축농증에 대한 한방적인 치료원리는 현재의 증상이 코에 발생했다고 해서 오직 증상이 나타나는 부위에만 중점을 두는 양방 치료와는 개념이나 방법에 차이가 있다.

즉, 외형적인 표치(表治)에 국한할 것이 아니라 축농증이 발생되는 근본적인 원인을 찾아서 근치(根治)해야만 재발이 되지 않는다는 논리에 근간을 둔 것이다.

축농증의 원인과 치료방법은 다양하지만, 위장기능을 개선시켜 수분대사를 원활히 해 주며 축농증을 발본색원하는 방법으로 근본을 치료해 줌으로써 외형적인 축농증을 개선시키는 근치적인 해결방식이 좋다.

변비와 비만의 상관관계

많은 시간을 의자에 앉아서 생활하는 수험생들에게는 변비와 비만도 적이 될 수 있다. 미국에서 변비에 대한 흥미로운 실험 결과가 보고 된 적이 있다. 여러 사람들에게 4일 동안 배변을 억제시킨 후 신체에 나타나는 변화를 관찰한 실험이었는데 대변이 불통되면서부터 식욕이 떨어지고 현기증이 나며 배가 더부룩해지고 신경이 날카로워지며 머리가 맑지 못하고 아랫배가 나오는 등 다양한 증상이 발생하였으며, 실험이 끝난 후 대변을 배설함으로써 그 증상은 말끔히 사라졌다고 한다.

유산균 음료광고로 귀에 익숙한 프랑스의 노벨상 수상자 매치니코프 박사는 인체의 노화 현상은 장내 독소에 원인이 있으며 따라서 변비는 건강의 제일의 적이라고 주장했다.

한방에서 이야기하기를 불통(不通)하면 병이 생긴다고 하였는데 변 또한 불통하면 당연히 병이 발생하게 되며 상기한 증상보다 훨씬 다양하고 심각한 질병으로 진행될 수도 있다.

그렇다면 변비와 비만과는 어떤 상관관계가 있을까?

변비가 있는 사람은 반드시 비만이 되거나 또 비만이 있는 사람이 반드시 변비 증상을 가지고 있는 것은 아니며 변비와 비만이 완전한 인과관계가 성립되는 것은 아니다.

그러나 대개의 비만환자들은 배설 기능에 문제점을 가지고 있으며 배설 방법에 있어 발한이나 배뇨장애로 인한 것보다는 대변의 문제로 인하여 야기되는 확률은 압도적으로 높다. 예전에는 별로 눈에 띄지 않던 대장암이나 직장암이 근래에 들어 급증하는 이유도 배변기능이 제대로 활성화되지 못한 결과다. 변비가 생길 만큼 배변이 고르지 못하다는 것은 음식을 섭취한 후 소화흡수 과정을 거쳐 나온 찌꺼기가 제대로 나가지 못한다는 의미이며 배설물 속에 포함된 독소가 체내에 머물게 되면서 질병이 생기고 장이 위치한 배꼽 주위로 독소가 응집하면서 뱃속에 딱딱한 경괴와 함께 배 둘레에 체지방이 끼면서 비만이 시작되는 것이다. 모든 비만의 처음 시작되는 위치가 배꼽을 중심으로 발생하는 이유도 배꼽을 중심으로 독소 응집이 이루어지기 때문이다.

따라서 비만 해소의 가장 중요한 포인트는 배꼽 중심으로 형성된 독소를 배출하는 것이며 근래 비만치료의 기본적인 방법으로 해독요법(Detoxication)을 이용하여 원인을 제거하면서 다른 치료방법을 강구하는 추세가 많다. 해독요법으로 약물을 통한 디톡스와 의료기를 통한 디톡스가 있는데 약물을 이용한 디톡스요법은 한약과 견과류를 혼합한 약을 복용함으로써 체내에 정체되어 있는 독소를 설사를 통하여 체외로 배출시켜 해독하게 된다. 이 과정에서 몸속에서 빠져나온 독소는 콩알이나 미역, 누런 기름덩어리 등과 같은 모양을 나타내기도 하며 육안으로 확인할 수 있다.

의료기를 통한 디톡스는 일명 장해독이라고 하는데 수액이나 한약을 장에 주입시켜 장세척을 해줌으로써 복부에 쌓여 있는 독소의 배출을 유도하는 방법이며 해독을 하고 난 후 몸이 가벼운 느낌이 생기고 피부가 맑아지며 여드름 등 안면 피부 트러블에는 상당히 효과적이다.

결론적으로 볼 때 변비는 제대로 통하지 못하기 때문에 그 독소가 복부에 누적되고 누적된 독소는 순환장애를 유발하여 비만을 초래하므로 변비와 비만은 아주 밀접한 관계가 있는 것이다.

빈혈과 현기증

3시간 이상을 책상에 앉아 있다가 갑자기 일어날 경우 심한 현기증을 호소하는 학생들이 간혹있다. 목욕탕에서 손빨래를 마치고 일어서는 순간 아무런 이유 없이 눈앞이 캄캄해지고 아득해지면서 넘어질 것 같아 벽에 간신히 기대어 한참을 앉아 있은 후에 제정신이 들었다는 주부도 있다. 한 번도 아니고 여러 차례 반복되었으나 병원에서 받은 혈액검사에 정상이라는 결과가 나왔고 CT나 MRI촬영 후에도 아무런 이상이 없다고 하는데 환자는 증상이 점점 악화되고 뚜렷한 원인이 밝혀지지 않아 큰 병이 생기지 않았나 하는 불안감으로 마음이 정처 없다. 내원한 환자 중에 상기한 증상과 유사한 병증을 호소하는 사람이 많으며 남성보다는 주로 여성이 더 많다.

이러한 증상을 가진 환자에게 어디가 불편해서 오셨느냐고 물으면 대부분 빈혈이 심해서 왔다는 자연스러운 대답을 듣게 되는데, 그럼 병원에서 빈혈이라는 확실한 진단을 받았느냐고 재차 물으면 병원에서는 아무런 이상이 없다는데 자신은 여전히 어지럼증이 있거나 혹은 점점 심해서 그렇게 생각하게 됐다고 말한다.

이처럼 환자 스스로가 의료인의 진단보다 자기주장을 내세우는데에는 빈혈과 현기증을 동일하게 생각하거나 어지럼증은 대개 빈혈에서 온다고 하는 잘못된 의학상식에서 기인한 것으로 추측된다.

빈혈이란 글자 그대로 체내에 필요한 혈액이 부족해서 발생되는 질병이다. 교통사고 등 외부의 충격에 의한 과다 출혈이나 수술, 출산, 혹은 위궤양이나 위천공 같은 내장의 지속적인 출혈, 혈액 생성 체계의 이상, 철분 섭취 부족 등으로 빈혈이 유발될 수 있으며 빈혈의 진단은 과학적이고 분석적인 방법이 많아 진단에 큰 어려움이 없다. 빈혈이라고 생각하는 대부분의 증상이 어지럼증인데 가벼운 어지럼증은 누구나 생길 수 있는 지극히 정상적인 것이다. 하지만 어지럼증의 정도가 참기 힘들 정도로 심하거나 지속적이고 반복적으로 계속 나타난다면 신체질환을 의심해 봐야 한다.

어지럼증을 유발시키는 원인은 매우 다양하다. 귓속에 몸의 평형기능을 담당하는 전정기관으로 세반고리관이란 것이 붙어 있는데 이곳에 염증 등의 문제가 생겼을 때 어지럼증이 생길 수 있으며 이때는 귀울림이나 난청 등의 증상을 동반하는 경우가 많다.

뇌에 문제가 생겼을 때는 어지럼증과 더불어 언어 불량, 수족저림, 두통, 메스꺼움 등의 증상이 같이 오므로 다른 원인에 의한 어지럼증과 구별되며 연령이 많거나 고혈압, 당뇨, 고지혈증 등의 질병을 가진 사람들에게 많이 나타난다. 이러한 중추성 장애로 인한 어지럼증은 자칫 치료시기를 놓치면 돌이킬 수 없는 결과를 초래하기도 한다. 위염 등의 위장장애는 어지럼증과 오심, 구토감을 동반하며 차멀미를 자주 하는 특징을 갖기도 한다. 위에 열거한 여러 가지 어지럼증의 원인이 있지만 가장 흔하게 볼 수 있는 것이 현기증이라고 하는 일시적인 어지럼증이다.

현기증은 원기가 허약해질 경우 발생되는데 기질적인 원인이 없기 때문에 양방병원에서 행해지는 기계적인 진단방법으로는 밝혀지지 않는다. 오히려 오감을 통해 진단하는 한방적인 진단법이 원기 허약으로 인한 현기증을 진단하기 쉽고 치료 또한 기운을 보충시키는 보기지제를 첨가한 한약제가 효과를 발휘한다.

잘못된 의학상식으로 빈혈과 현기증을 판단하기보다는 전문의에게 진료를 받는 것이 내 몸을 지키는 지름길이라고 생각한다.

수험생들은 두뇌 사용이 많아지며 특수 기관에의 혈액부족 현상이 일어날 수 있다. 이를 보충할 수 있는 별도 처방이나 학습자세(한시간 학습 후 최소 10분 이상 휴식하고 눈을 지그시 감고 안정을 취함)를 유지하여 두통이나 현기증을 다스려야 할 것이다.

뱃살이 질병을 불러 온다

식습관이 불량하거나 운동 결핍 등으로 인하여 뱃살이 나올 수 있는데, 수험생 또한 조심 해야 할 일이다. 요즘 젊은이들은 표준체중이면서도 날씬해지고 싶은 욕심에서 다이어트에 열을 올리고 있지만, 과거의 미인형은 동서양을 막론하고 주로 통통하고 적당하게 살이 오른 여성을 미인의 반열에 올려놓았으며 절세의 미인으로 회자되는 클레오파트라 또한 날씬하기보다 살집이 통통했던 체형이었다고 한다.

남성 역시 불과 30년 이전까지만 해도 불뚝 나온 뱃살을 사장님 배라고 하여 성공한 남성상으로 부러워하던 시절이 있었다. 사회적으로 성공하고 부를 축적한 사장님이라면 겉모습에서 왠지 뱃살이 넉넉하게 나와야 사장이라는 직함에 어울려 보이는 듯한 느낌이 들던 그 시절에는 몸 밖으로 불쑥 나온 뱃살이 은근한 자랑거리가 되기도 하였지만 근래에는 뱃살에 대한 평가가 질병의 온상으로 표현될 만큼 뱃살은 부러워하기보다 오히려 회피의 대상이 되었다.

비만에는 두 가지 유형이 있는데 피하형 비만과 내장형 비만으로 분류된다. 피하형 비만은 주로 피부 밑으로 지방이 위치하게 되는 비만으로 병 발생 위험도가 높지 않은 반면, 내장형 비만 즉 뱃살이 주로 배꼽을 중심으로 복부 전체를 싸고 있어서 복부에 정체된 체지방이 혈관을 타고 쉽게 내장으로 이동 가능하므로 피하형 비만보다 상대적으로 질병 노출 가능성이 훨씬 높은 것이다.

섭취와 배설의 균형이 깨지면서 먹은 양에 비해 체내 에너지 소비가 적거나 체외로의 대사산물 배설이 원활하게 이뤄지지 않을 때는 노폐물 축적에 따른 질병이 발생하게 되며, 이러한 여건에서 생기는 질병을 대사장애증후군이라고 하는데 뱃살로 생기는 복부비만이 이에 속한다.

복부비만은 심장질환(심근경색, 협심증), 뇌혈관장애(뇌경색, 뇌출혈에 의한 중풍), 고혈압, 당뇨병 등 각종 대사성 질환과 여성에 있어서 악성 종양 등 여러 가지 성인병의 중요한 위험인자이다. 뱃살은 특히 남성에 있어서 특징적인 소견이며 남자들은 비만하거나 비만하지 않거나 간에 여자에 비해 정상적으로 내장층의 지방이 2~3배 많은데, 대개 흡연과 음주를 평균치 이상으로 하고 있는 경우가 많기 때문에 뱃살이 많은 것이다.

즉, 지나친 뱃살은 잘못된 식생활과 무절제한 생활, 운동 결핍 등으로 인하여 기초대사량이 저하되어 있는 중년 이후에 중성지방의 축적으로 주로 나타나게 되며, 식생활과 관련해서는 특히 음주, 흡연 그리고 고지방식과 밀접한 관계가 있다. 따라서 정도가 경미할 경우 식생활의 개선이나 운동요법 등으로 충분히 예방할 수 있다. 그러나 복부비만도가 지나치게 높아 질병이 발생한 경우에는 비만 개선 효과가 높은 한약과 지방분해침 등의 치료를 병행함으로써 뱃살 감량의 효율성을 제고시켜 건강을 회복할 수 있다.

탈모증도 경계 대상

　　　심한 스트레스와 과도한 두뇌 회전에서 자유롭지 못한 수험생들 중 간혹 탈모증을 호소하는 경우가 있다. 이런 경우 탈모와 관련된 의학 상식을 참고할 필요가 있을 것이다.

　얼마 전 유명한 두피 관리 숍을 운영하는 분과 만나 탈모에 대한 이야기를 나눌 기회가 있었다. 입에 침이 마를 정도로 자신이 경영하는 숍에 대한 자랑을 늘어놓기에 "탈모가 이미 진행된 사람들에게 효과가 좋으냐?"고 물었더니 "당연히 아주 놀라울 정도로 머리가 빨리 자란다."는 대답을 들었고, "그럼 얼마나 많은 탈모 환자가 좋아졌느냐?"고 하는 질문에 "90% 이상은 머리가 다시 난다"는 놀라운 결과를 자신 있게 내놓았다(임상에서는 탈모환자의 30% 이상이 제대로 발모된다고 해도 상당히 높은 치료율이므로 아무리 상업성을 띤 광고성 발언이라고 하지만 90%라면 그야말로 대단한 것이다).

　탈모의 종류나 원인 등 탈모에 대한 몇 가지 기초적인 대화를 더

해 봤으나 그런 분류는 전혀 아랑곳하지 않고 그저 영양제와 약물을 뿌리고 두피 마사지만 잘 하면 빠진 머리카락이 다시 난다는 엉터리 같은 대답만 되풀이 하였다. 결론적으로 말하자면 그 원장은 탈모에 관한 기본적인 지식을 제대로 갖추지 않았고 효과에 대해서도 너무 지나친 과장을 하고 있었다.

탈모란 일반적으로 모발이 정상적으로 존재해야 할 부위에서 없어진 상태를 말한다. 두발은 센티 당 약 120~140개가 분포되어 있고 남자는 약 10만 개, 여자는 약 12만 개를 가지고 있으며 정상적으로 매일 40~80개의 머리카락이 빠지는데 120개 이상 매일 빠지는 경우 병적인 탈모라고 할 수 있다. 또한 원형 탈모증과 같이 자신이 자각하지 못하는 사이에 머리가 빠지는 경우가 있다.

현재까지 탈모에 대한 치료율은 지극히 낮은 편이며 실제 임상에서는 그 원장 말처럼 탈모 치료가 그리 녹록하지 않다. 그러나 탈모는 치료될 수 없다는 예전의 인식과는 달리 이미 다수의 탈모증 환자에게 치료를 통한 만족스러운 결과가 나타났으며, 무엇보다 탈모증의 원인을 정확하게 파악하여 적절한 치료방법을 선택하여 치료하는 것이 중요하다.

한방적인 방법으로 탈모에 대한 영역까지 치료를 시작한 지 그렇게 오랜 기간이 흐르지 않음에도 불구하고 많은 탈모증 환자들이 한방 탈모 치료방법을 선호하는 첫 번째 이유는 우선 치료효과가 좋다는 것이고, 두 번째 이유는 그간 피부과나 두피 관리 숍 등에서 시도되어왔던 치료나 관리 방법에 대한 효율성이 그만큼 떨어지기 때문이다.

머리카락이 두피에서 탈락되는 원인은 두피가 모발을 받쳐주지 못한 결과이므로 두피가 잘못된 원인을 종합적으로 판단해서 치료에 임해야 한다. 원형 탈모증, 휴지기 탈모증, 남성형 탈모증, 성장기 탈모증 등 여러 가지로 원인을 분석하여 나눌 수 있지만 체내의 영양상태가 결핍돼서 발생하는 허증형(虛證型) 탈모를 제외하고 대부분의 탈모는 체내에 정체되어 있는 독소와 관계가 아주 밀접하다.

따라서 체내에 뿌리내리고 있는 근원, 즉 독소배출을 도외시한 채 두피에 약물, 마사지, 자극요법 등의 표면적인 치료만으로 탈모를 개선시키기에는 역불급이다. 내치(內治)를 병행한 외치(外治)가 효율성을 제고시키고 치료기간을 그만큼 단축시킬 수 있는 키포인트가 되는 것이다.

원인치료 없이 완치는 힘들다

얼마 전 환자의 보호자에게 감사의 말을 전해 받은 적이 있다. 환자를 치료하는 일이 직업인 필자로서는 고질병이나 만성 질환을 완치하고 나면 고맙다는 얘기를 듣는 경우가 있지만, 이번의 경우는 보호자가 아주 까다로웠던 분이고 그 질병이 한방적인 관점으로 볼 때 흥미 있는 증상을 가지고 있었기 때문에 유난히 다른 환자에 비해서 기억이 나는 사례다.

진료를 받던 환자는 수능을 준비하는 여고생이었으며 어머니가 보호자로 동행했었다. 여고생이 가지고 있는 질병은 얼굴에 여드름이 나는 증상이었고 약 3년가량 오래 증상을 앓아 왔고 그간 여러 가지로 치료했음에도 불구하고 뚜렷한 경감이 없어서인지 치료 효과에 대해 환자 자신이나 보호자, 둘 다 상당히 부정적인 생각을 가지고 있었다.

원래 질병이란 의료행위에 대한 신뢰가 높을수록 시너지 효과를 내기 때문에 믿음이 있으면 증상개선이 빠르지만, 반대로 불신을 가지고 있으면 설사 질병에 맞는 처방과 치료프로그램이 제공된다고 하여도 치료율이 상대적으로 떨어지기 마련이다.

그러나 여드름이 심했던 옆집 사람이 다 나은 것을 자기 눈으로 확인하고 나서 내원했기 때문에 반신반의 하는 눈치이기도 했다.

진찰을 해 본 결과 환자는 몸이 아주 냉한 체질을 가지고 있었으며 여드름 이외에도 생리통이 심하거나 냉 대하가 많아서 속옷을 자주 갈아입어야 하고 찬바람만 불면 수족이 냉해져서 고생을 많이 한다고 했다. 그간의 치료경과를 물었더니 여드름 치료를 위해서 많은 곳을 다녀봤지만 그때뿐이었고 이제는 소화장애까지 생겼으며, 점차 증상이 심해져서 근래에는 얼굴에서 머릿속까지 여드름이 퍼지고 거기에는 꼭 고름까지 생겨 외형적으로 아주 지저분해 외출하기도 꺼린다고 했다.

속이 냉하므로 찬물이나 찬음식을 먹지 말고 인스턴트식품을 절제할 것을 지시하고 한약을 1개월여 복용 한 후에 얼굴과 머릿속 여드름이 없어 졌으며 그밖에 생리통, 냉 대하, 수족냉증도 개선되었다.

결과가 완치될 정도로 좋았는데도 불구하고 보호자는 약간의 의심스러운 듯한 표정을 지으며 어떤 한약 인데 피부가 그렇게 깨끗하게 될 수 있느냐며 약의 성분에 대해 알고 싶어 하였다.

'따님에게 쓴 약은 소화제입니다.' 라고 답변해 주었고, 그런 나의 대답이 이해가 되지 않는다는 듯이 되물었다.

"소화제로 어떻게 여드름을 치료할 수 있나요?"

물론 환자의 일반적인 한방상식으로는 소화제로 여드름을 치료했다는 말이 납득이 가지 않는 것이 당연하지만 실제로 그 학생은 소화제를 복용했고 그래서 완치가 된 것이다. 한방에서 원인치료를 강조하는데 이런 케이스는 그 대표적인 본보기가 된다.

상기한 바와 같이 그 학생은 몸이 찬 체질이었고, 몸이 차다보니 위장의 기능 또한 떨어져 수분대사 작용에 문제가 생기게 되었다. 체내에서 수분을 제대로 처리하지 못할 때 내부에 잔류하게 되면 병이 커지게 되므로 인체는 나쁜 성분을 밖으로 배출하기 위해 노력하게 된다. 그러한 노력의 일환이 냉 대하나 여드름 같은 형태로 나타났을 뿐이었다. 즉, 병의 뿌리는 위장이었고 여드름이나 대하는 가지에 불과했으므로 소화제를 써서 원인치료를 한 것이다.

속이 냉한 사람에게 사용되는 소화제는 열을 공급해 주고 몸을 따뜻하게 하는 효과가 있기 때문에 소화제로서 여드름이 낫는, 재미있는 사례를 보게 된 것이다.

 # 잘못된 감기 치료

옛말에 감기는 만병의 근원이라고 하였다. 평생을 살아가면서 감기에 한 번도 걸리지 않는 사람이 과연 얼마나 될까 싶게 감기라는 질병은 항상 우리 가까이 있다. 획일화된 제품으로 나오는 감기약으로는 도무지 좌충우돌식의 변화무쌍한 감기 증상을 따라잡을 수 없기 때문에 감기라는 질병에는 예방약이 없다. 한 예로 독감예방주사가 한참 유행이었으나 그나마 요즘에는 예방이 안 되는 독감이 더 많다고 한다. 의료계에서는 머지않아 수퍼 독감이 올 거라는 예측을 하고 있다.

수퍼 독감이란 10년에서 30년의 주기로 발병하는 독감으로 인체에 미치는 파괴력이 아주 대단하여 한번 감염되면 사망할 가능성이 높고, 특히 노약자들에게는 치명적인 질환이며 여러 가지 여건으로 보아 재앙처럼 번질 시기가 임박했다는 걱정스러운 예고가 있다.

한의학에서 감기는 상한(傷寒)이라 하여 찬 기운에 몸이 상했다

고 하는데, 뜻 그대로 찬 기운이 몸속에 들어와 신체기능을 방해함
으로써 질병이 발생하는 것이다.

따라서 한방적인 치료로는 땀을 배출하여 체내로 들어온 찬 기운
을 몰아내는 방법이며 감기로 인해서 열이 심하게 날 때 이열치열
하는 방법으로 오히려 이불을 덮고 뜨거운 바닥에 누워 땀을 내주
면 자연히 해열되는 것이 이러한 치료과정인 것이다.

그러나 양방에서는 열이 많이 날 때면 얼음이나 알코올 같은 차
가운 물질을 이용하여 피부온도를 낮춰줌으로서 인위적인 해열을
시키는데, 이 과정에서 찬 기운이 밖으로 배출되지 못하고 기관지
나 근육 같은 조직 안으로 숨기 때문에 일단 해열은 되었으나 그
후부터는 안으로 숨어들은 찬 기운 때문에 기관지나 전신근육통
등 2차적인 감기 증상이 다시 시작되는 것이다.

그래서 생활 속에서 치료 방법을 찾았던 현명한 우리네 조상은
감기가 오면 콩나물국에 대파를 썰어 넣고 매운 고춧가루를 넣고
한 그릇 먹어서 땀을 내는 자연스러운 방법을 택했던 것이다.

모두 그런 것은 아니지만 양약으로 지은 감기약을 먹고 약에 취
해서 잠이 온다거나 어지럽거나 위통으로 아파하거나 혀가 말려
올라가거나 뒷목이 뻣뻣해지면서 몸에 경련이 일어나는 등의 증상
으로 고생을 겪어본 경우를 많이 듣거나 볼 수 있다.

그것은 감기로 몸이 좋지 않아 진액이 고갈된 상태에다 조열(燥
熱)한 약물을 복용했기 때문인데, 조열한 약물은 위장에 부담을 많
이 주어 진액이 부족하고 소화기능이 약한 사람에게는 상기한 부

작용이 나타나게 되는 것이다. 감기가 오면 체내 수분 균형이 깨지므로 자주 따뜻한 차나 음료를 마셔 주고 찬 곳에 노출되지 않도록 하는 것이 중요하다. 평상시 섭생을 잘 하고 규칙적인 생활을 함으로써 질병에 대한 항병 능력을 길러줘야 하며 꾸준한 운동은 건강한 항상성을 유지하는 데 반드시 필요하다.

우리나라에서 나는 육쪽 마늘은 세계적으로 항암효과가 높을 뿐 아니라 감기와 같은 질병 예방에도 아주 효과적이므로 수입산이 아닌 국산 육쪽 마늘을 구입하여 하루 한 통씩 구워 꾸준하게 복용하면 항암, 감기예방뿐 아니라 소화불량에도 그만이다.

 # 건강한 여름나기

싱그러운 초록이 만연했던 5월의 봄날이 어느덧 지나가고 30℃를 넘는 더위와 지루한 장마가 시작되는 6월이 왔다. 6월은 계절적으로 봄과 여름의 중간에 위치하여 한낮의 뜨거운 열기가 지속되며 장마가 시작되어 습하고 차가운 기운이 섞여서 우리 신체가 외적인 변화에 적응하기 쉽지 않은 시기이다. 기온과 습도는 건강하게 살아가는 데 매우 중요한 환경 요인이며 일반적으로 17~18℃의 온도와 60~65%의 습도가 적당한데, 이 시기는 쾌적한 조건을 훨씬 넘어서기 때문에 건강에 이상이 생기기 쉽다. 특히 지구온난화의 현상으로 올해는 예년보다 무더위가 더욱 기승을 부릴 것으로 예상되므로 여름이 성큼 다가온 시기에 각별한 건강관리가 필요할 것으로 보인다.

6월부터는 외부온도의 상승으로 땀을 많이 흘리게 되며 신체의 일부를 과다하게 노출시키게 되고, 피로가 쉽게 오며 심리적 스트레스도 증가되어 때에 따라서는 의욕을 상실하기도 한다. 여기에

에어컨이나 선풍기의 장시간 사용으로 온도 변화가 심하게 나타나 콧물, 재채기, 기침 등의 감기와 유사한 증상이 나타나고 급성 비염, 알러지성 비염, 천식 등 호흡기 질환과 냉방병으로 고생하기도 한다.

그리고 중고등 학생들이 특히 시원한 음료수나 빙과류 등의 찬 음식을 자주 먹게 되는데, 과도하게 섭취할 경우 복통, 설사로 고생하게 되어 학습에 지장을 주는 예가 많으며 잘못된 변질 음식물을 먹었을 경우에는 식중독, 급성 위염, 장염 등의 소화기 질환이 발생한다. 또 피부에 직사광선을 장시간 쬐였거나 화장 없이 그대로 노출시켰을 경우 기미나 주근깨가 생기고 심하면 화상을 입게 된다. 또한 밤보다 낮 시간이 길어 무리하게 일을 하게 되어 과로하기 쉽고 피로가 누적되기도 한다.

이처럼 이 시기에는 각종 질환의 발생 가능성이 높아지므로 적절한 주의와 관리요령이 필요하다.

땀을 과다하게 많이 흘리면 체액 균형이 깨지므로 적당량의 염분과 수분을 보충하며 신선한 과일이나 영양이 풍부한 음식물을 섭취하고, 휴식과 수면을 충분히 취해야 한다.

허약한 사람이나 평소 몸이 찬 사람은 아무리 덥더라도 찬 걸 마시든지 몸을 차게 하는 것을 주의해야 하며, 잘못 먹은 음식으로 배탈, 소화불량, 여름 감기, 각종 피부병 등에 노출되지 않도록 해야 한다.

한의학에서는 천인상응(天人相應)이라 하여 계절의 변화에 따라 우리의 몸도 아울러 리듬을 타게 된다고 하였는데, 여름이 되면 산천초목이 안팎을 활짝 열고 무럭무럭 자라듯이 사람 또한 마찬가지로 아침 일찍 일어나 몸을 움직이는 것과 땀내는 것을 꺼리지 않으며 마음을 밝게 가지는 것이 여름에 맞는 양생으로 가는 지름길이라 하겠다.

한의서에 벽적어하(抗積於夏)하면 사인전궐(使人煎厥)이란 말이 있는데 이는 여름에 열 받으면 더 잘 넘어간다는 뜻으로, 부인들 치마가 접힌 모습을 벽적(抗積)이라 표현하였는데 치마 주름 잡듯이 감정이 우리 몸을 옭아맨다는 뜻이다. 시기적으로 여름은 열이 제일 많을 때라 조금만 기분이 언짢아도 숨이 가쁘고 땀이 나게 되는데 화를 왈칵 내든지 긴장을 많이 하든지 노력을 과하게 하든지 하면 사람으로 하여금 전궐(煎厥), 즉 찌고 쪄서 열이 그만 위로 기어 올라가 갑자기 쓰러지는 질병을 유발시킬 수 있다.

지치기 쉽고 신경 날카로워지기 쉬운 여름철, 조금 더 남에게 양보하는 너그러운 마음과 건전한 식생활에 신경을 쓰고 더위를 멀리하지 않고 오히려 즐기며 건강히 행복하게 지내길 바란다.

특히 고 3 수험생들의 여름철은 비단길과 가시밭길의 갈림길의 기로에 선 계절이다. 사소한 질병이라도 걸린다면 참으로 안타까운 일이다.

겨울철 건강관리

요즘의 경제적인 위기상황에서 겨울이라는 한파까지 겹쳐 피부로 느껴지는 육체적, 정신적 위축은 IMF 이상이라고 말하는 이들도 있다. 몸이 아파도 병원비가 없어 치료를 받지 못하는 사람들이 많다는 방송이나 신문 보도를 접했을 때 매일을 의료현장에서 지내는 필자로서는 가슴 아픈 이야기가 아닐 수 없다.

건강을 잃으면 모두를 잃는 것이라는 명언이 있듯이, 몸에 이상이 생긴 뒤에 병원을 찾기보다는 질병이 발생하기 전에 충분한 예방관리를 할 수 있는 현명한 겨울철 건강관리에 대하여 몇 자 적어 본다.

들판에 흔한 나무를 봐도 봄에 싹을 틔우고 여름이면 무성하게 잎이 번성하며 가을이면 열매를 맺고 난 후 겨울이면 앙상한 가지만 남겨둔 채 이듬해 봄을 대비하기 위하여 중요한 생명력을 깊은 곳에 감추어 둔다.

이것은 식물뿐만 아니라 곤충이나 동물들에게도 방법의 차이일 뿐 다음해를 대비하기 위한 생명력의 연장수단으로 깊숙한 곳에 양기를 보전하는 것이다.

인간의 경우도 역시 자연의 한 부분에 지나지 않은 까닭에 양기를 제대로 보전해야만 자기의 건강을 유지할 수 있는 것이다(여기에서 거론되는 양기의 개념은 남성의 스태미나로서의 양기를 의미하는 것이 아니며 그보다 훨씬 넓은 의미를 가진 생명력을 유지할 수 있는 가장 근본적인 기운을 의미한다).

우선 마음을 번잡스럽거나 어지럽게 쓰지 말아야 할 것이며, 헛된 욕심을 버려야 한다. 새롭게 일을 벌여서 마음을 상하고 정신이 한 곳에 머무르지 못하는 사람은 양기를 어지럽게 하여 속으로 양기가 제대로 갈무리되지 못하게 하는 것이므로 겨울에는 그동안의 일을 적으면 적게, 많으면 많은 대로 마무리하고 새로운 봄을 준비하는 시기로 삼을 일이다.

일상생활에 있어서는 일반적으로 우리가 알고 있는 것처럼 일찍 자고 일찍 일어나는 것이 생활의 정칙은 아니다. 겨울철이면 태양의 양기가 늦게 움직이기 시작하고 음기가 성하여 밤이 일찍 찾아오기 때문에 잠 드는 시간은 이른 시간이 되어야 하고 해 돋는 시간에 맞춰 기상시간은 오히려 늦어야 할 것이다.

또 사람의 따뜻한 양기가 피부를 통하여 밖으로 빠져나가게 되므로 매서운 추위에 자주 노출되는 것은 건강에 좋지 않으며, 특히 양기가 쇠해진 노인들은 겨울철에 가벼운 감기에도 생명을 잃게 되는 경우도 많다.

가을이 되면 온도가 하강하면서 나뭇잎은 점점 떨어지고 겨울이 되면 완전히 메마른 나뭇가지만 앙상하게 남게 된다. 나뭇잎이 떨어지는 것은 밖으로 발산될 수 있는 양기를 안으로 수렴함으로써 생기는 현상인데, 사람도 그와 똑같은 이치로 겨울철이 되어 양기를 안으로 갈무리하기 때문에 피부가 거칠어지고 건조하게 되는 것이다.

그런데 실내의 온도를 지나치게 높게 하여 피부를 열어 놓으면 갈무리되려던 양기가 피부로 발산되어 땀으로 나갈 염려가 있으므로 너무 높은 온도로 난방하여 땀이 저절로 나게 된다면 이 또한 양기 보전에 역행하는 방법이다.

체질에 따라 다르지만 따뜻한 인삼차, 꿀차, 대추차, 숭늉 등은 마음을 편안하게 하면서 양기를 수렴하는 방법이 될 수 있다.

Part 7

수험생의
자기관리

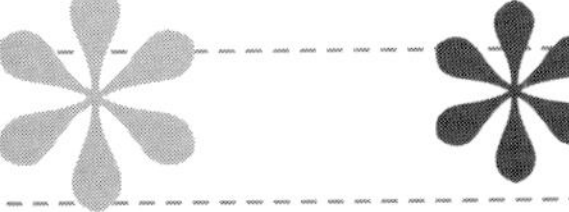

여가 시간 활용법

사람은 밥과 빵만으로 살아갈 수 없다. 나무는 물과 비료만으로 성장할 수 없다. 때로는 햇빛도 필요하고, 비옥한 토양을 필요로 하기도 한다. 사람도 예외는 아니다. 자기를 중심으로 다원화된 여러 방면의 사물, 사람, 기구들을 접촉하며 살아가는 사회적 동물이다.

수험생도 이 범주에서 크게 벗어나지는 못한다. 적당히 쉬고, 여가를 즐겨야 학습능률을 극대화시킬 수 있다. '한 걸음 멀리 뛰기 위해 한 걸음 물러서라.' 라는 말도 있다는 것을 기억하자.

⬡ 영화관람

고 3 수험생의 경우 영화를 보는 것에 대해 부정적 시각을 갖고 있는 학부모들이 의외로 많다. 그러나 필자는 월 1회 정도 재미있는 영화 보기를 권하고 싶다. 마침 그 영화가 외화라면 영어 듣기 공부한다고 생각하면 될 것이다. 사실 어떤 영어 전문학원은 그런 외화를 듣기 공부의 일환으로 정기적으로 상영하기도 한다.

영화 보러 학원을 갈 때는 아무 불평이 없다가 영화 보러 영화관을 가겠다면 펄쩍 뛰는 부모들이 제법 많다. 영화라는 것은 일종의 종합예술로서 사태의 전개 부분을 보고 "결말이 어떠할까?", "이 영화 초반에 나타나는 복선이 어떤 결과를 나중에 가져다줄까?" 라는 추론 능력을 길러주는 데 이것은 언어와 논술의 학습에 보이지 않는 가시적 성과를 가져다 준다.

⬡ TV 시청

TV를 수시로 시청하거나 일일 연속극 또는 주말 연속극을 지속적으로 보는 학생들이 있는데, 이는 잘못된 학습관리다. 꼭 보겠다면, 단편적 드라마나 특정 스포츠를 일회성으로 보는 것은 무방하나, 연속 드라마를 보게 되면 그 다음 시간이 기다려지게 되어 학습에 집중도를 떨어뜨릴 뿐 아니라 그 드라마의 잔상이 머리에 오래도록 남아 암기능력을 떨어뜨린다는 연구 발표도 있다.

4년마다 열리는 월드컵 경기로 새벽잠을 설친 전 국민들 속에 고3 수험생도 적잖이 섞여 있었으리라. 한국전을 두고 얌전하게 공부만 한다든지 잠을 고스란히 잔 학생들이 과연 얼마나 있었을까? 이런 일회성 특정 이벤트는 시청해도 무방하다. 모든 학생들이 다 같이 본다면, 경쟁원칙에서 똑같은 조건이 되기 때문이다.

◉ 운동

운동은 부분적 용인의 여가방법이라 생각한다. 적당한 운동을 통해 지구력과 체력을 길러주고 스트레스를 해소하는 효과가 있기 때문에, 매일 책상에 앉아 공부만 하는 학생보다 나중에 더 빠른 학습효과를 보는 예가 많다.

그러나 지나치게 에너지 유출이 많은 마라톤, 농구, 빠른 속도로 달리는 러닝머신 등은 또 다른 피로감을 생성하기 때문에 피하는 것이 좋다.

◉ 이성교제

필자가 우려하며 거론하고 싶은 부분이 대입 수험생의 이성교제다.

어떤 남학생은 고 1 때부터 지속적으로 교제해 온 여학생을 고 3 수험생이라는 이유 하나로 만나서는 안 된다는 강박감 때문에 심리적 반작용 법칙으로 오히려 더 보고 싶고, 학습능률이 떨어지게 되었다고 한다. 그래서 이 학생은 자신의 특유한 스트레스 해소법으로 여자 친구를 매주말 단 1시간 정도라도 만나서 대화하고 학습 상담을 하는 건전한 방식으로 교제를 한 이후로 학업성적이 훨씬 더 좋아졌다고 한다.

필자가 보건대 이런 경우는 아주 특별한 단 1% 미만의 상황이므로, 이런 유혹에 현혹되어서는 안 된다고 본다. 이성교제가 고 3 수험생에게는 가장 큰 장애물이 틀림없기 때문이다. 한번 생각해 보자.

오늘 저녁 7시에 여자 친구를 만나 영화 한 편을 보기로 했다면, 감수성이 예민한 학생 신분으로 아침부터 머리 감고, 외관 신경부터 학교 수업 내내 오늘 저녁이 기대되어 여러 가지 공상과 잡념으로 가득한 하루를 맞게 될 것이다.

어떤 심리학자는 청소년기의 이런 사전적 에너지 요소가 1시간 수영하는 효과와 맞먹는다고 주장한다. 그러니 내부적 에너지 손실은 또 추가로 더 있지 않겠는가. 그래서 만나는 한두 시간은 학습시간의 마이너스 부분이라고 생각하면 오산이다. 그 한두 시간을 만나기 위해 최소 5시간은 빼앗겼다고 봐야 한다.

그러나 꼭 필요할 경우라면 월 1회 정도 부모님의 허락 하에 잠시 만나고 오는 정도로 제한을 두는 게 좋을 것이다.

몇 년 전, 고 3 수험생들에게 "수능 이후 가장 먼저 해보고 싶은 일이 무엇인가?"라는 설문을 해 본 적이 있는데, 이때 제일 많이 나온 답변이 "대중탕 가서 사우나 푸욱 하고 싶어요."였다. 다소 의외였던 이 답변은 심신에 지친 수험생들의 애처로운 단면을 잘 대변한 말일지도 모른다. 그때 그 수험생들의 눈빛과 답변은 오래도록 필자의 뇌리에 남아 이따금씩 그들의 심정을 헤아릴 때마다 다시 떠올리게 된다.

적절한 음악은 학습능률을 높인다

최근 MP3를 중심으로 한 음악기기의 발달과 대중화로 인해 이런 기기 하나 없는 학생은 거의 없을 것이다. 길을 오고가며 많은 학생들이 귀에 리시버를 꽂고 다니는 장면을 어렵지 않게 볼 수가 있다. 그렇다면, 책상에 앉아 집중성을 요구하는 입시수험에도 과연 이런 음악 감상이 도움이 될까?

결론은, 일부 과목의 경우는 학습 능률에 도움이 된다는 실험결과가 나왔다. 고3 수험생의 경우 자신의 위치를 확정적으로 알 수 없기 때문에 늘 불안한 심리를 갖고 있다.

비행기를 타다보면 이착륙 때 클래식 음악이나 항공사 로고송을 틀어놓는데, 이는 이착륙 상황에서 승객들이 심리적 불안감을 어느 정도 해소해 주는 효과가 있기 때문이다. 예부터 심리적 불안이나 고통을 극복하기 위해 축제나 종교의식에서 음악을 사용한 이유가 바로 이런 심리적 안정 효과 때문이다.

음악은 인간의 마음에 직접적으로 강하게 어필하는 힘을 갖고 있다. 그 이유는 아름다운 하모니나 리듬이 인간생활과 같은 생체리듬을 갖고 있기 때문이다. 그에 따라 음악의 심리적 효과를 학습과 같은 지적활동에 접맥(接脈)시켜 이에 대한 적당한 활용이 학습에도 도움이 된다는 연구결과가 있다.

수험생들의 경우 첫째, 정서적 밸런스가 잘 유지되지 않고 있고, 둘째 카타르시스 역할을 만들 시간적 여유가 없는 상태에 있다. 그러다 보니 뜻하지 않은 사소한 외부환경이 수험생들의 건강까지 위협하기도 한다. 이때 이를 치료해 주는 가장 좋은 수단이 음악이라고 한다.

하루 일상생활 중, 제반환경에 따른 적당한 음악이 무엇인지 알아보자.

⬡ 슬럼프 탈출에 좋은 음악

정신분석학에서는 사람이 가장 평화롭고 안심하여 있을 수 있는 곳이 어머니 자궁에 담겨 있었을 때라고 한다. 그리하여 음악요법으로 물을 주제로 한 음악이 긴장을 완화시켜주는 효과가 있음이 알려져 있다. 그래서 드뷔시(Debussy)의 『물에 비친 그림자』나, 헨델(Handel)의 『수상음악』 아니면 최근 성행하고 있는 자연현상과 자연음을 녹음한 배경음악(BGM)들이 시중에 판매되고 있다. 이런 음반을 구입하여 학습 중에 듣는 것도 좋은 방법이다.

◎ 아침에 듣기 좋은 음악

아침에는 두뇌활동이 대낮의 2/3 수준에 머물러 있다고 보면 된다. 그만큼 가수면 상태로 있다고 한다. 이럴 때 아침자율학습이나 등교 길에 듣기 적합한 곡은 요한슈트라우스(Johann Strauss)의 『빈 숲 속의 이야기』, 『아름답고 푸른 도나우』, 모차르트(Mozart)의 『터키 행진곡』, 앤더슨(Anderson)의 『나팔수의 휴일』 등이다. 이런 곡들은 대체로 빠르고 경쾌한 곡들로써, 가수면 상태에 머물고 있는 뇌를 각성시켜주는 효과를 지니고 있다.

◎ 시험 전날의 불안 상태에 좋은 음악

어떤 수험생들은 시험 공포증이라는 일종의 정신병에 걸려 고사일 일주일 전쯤부터 수면장애, 거식증, 대인공포증까지 유발하는 경우가 있다. 당연히 잘 먹지 못하다 보니, 적합한 치료약을 복용하려고 해도 위장장애문제가 걱정되어 이러지도 저러지도 못한 경우가 많다.

특히 평소 수학문제를 풀 때는 다른 암기과목과 달리 약간의 음악이 문제풀이 하는 과정에 플러스(+) 효과를 주기도 한다.

이때 적합한 음악이 말러(Mahler)의 『교향곡 제 6번』, 텔레만(Telemann)의 『오보에 협주곡 F단조』 등이 좋은데, 다른 어떤 과목보다도 수학문제를 풀 때는 심리적 불안상태가 가장 큰 적이나 다름없다.

평소 잘 알고 있었고, 잘 풀리던 문제가 주어진 장소에서 문제를 풀려다 보니, 안 풀리는 경우를 수시로 겪기도 하는데, 이럴 때를 대비하여 시험 전의 불안상태와 같은 공포신드롬을 극복하도록 음악을 평소 적절히 활용한다.

⬡ 사탐, 과탐같이 약간의 암기를 요할 때

이때는 온화하고 밝은 음악이 적합하다. 부드러움과 아름다움이 넘치는 차이코프스키(Tchaikovsky)의 『백조의 호수』나, 넓은 대자연에 대한 사랑을 노래한 베토벤(Beethoven)의 『전원 교향곡』, 드뷔시(Debussy)의 『바다나 달빛』을 들으면, 암기효과에 도움을 준다.

⬡ 노래를 부르면서 학습하는 학생들

음악가는 손끝을 많이 쓰는 편이다. 또한 다른 과목과 달리 수학은 손끝을 특히 많이 쓰고 손놀림이 소위 빠릿빠릿해야 한다. 주어진 시간 내에 정답을 정확하게 내어야 하는 과목의 특수성 때문에 손끝놀림이 특히 필요한 과목인데, 음악과 연관성이 있다고 한다.

그리고 공부를 하며 노래를 따라 부르는 학생들이 있는데, 음악전문가의 의견을 들어보면 학습능률에는 그다지 좋은 방법이 아니라고 한다. 하나의 두뇌에서 입 밖으로 에너지를 발산하는 경우와, 손끝을 통해서 두뇌로 입력하는 흐름(Flow)이 서로 반대의 기능을 하다 보니, 음악도 학습도 부적합한 상태가 되어 학습능률에 반대효과를 준다고 한다. 음악이 학습효과에 도움을 주는 것만은 아니다. 적당한 절제와 조화가 필요함을 강조하고 싶다. 지나치게 MP3 음악을 들으며 학습하다 보면, 머릿속에 입력한 내용들을 다시 풀어낼 때 한동안 혼란을 겪는 경우가 있는데, 이는 음악이 적당한 입력과정을 혼란으로 빠트려 놓았기 때문이다. 학습능률을 위해 음악이 적당한 부수적 효과를 주도록 수험생의 적절한 지혜가 필요하겠다.

향기요법이
두뇌의 회전을 빠르게 한다

매일 공부에 시달리는 우리의 자녀들을 바라볼 때면 애처롭고 처연하다. 피곤해서 고개를 제대로 못 가누는 모습, 입시에 대한 과도한 부담으로 인한 스트레스로 늘 피로에 젖어 있는 우리들의 자녀들은 지금 이 시간도 수험을 위해 책상에 앉아 있고, 이와 같은 자녀를 바라보는 대부분의 부모들은 그야말로 단장(斷腸)의 아픔을 겪는다.

여기서 단장이라는 말은 어원을 살펴보면『세설신어(世說新語)』「출면편(黜免篇)」에 나오는 말로서, 진(晉)나라 환온(桓溫)이 촉(蜀)을 정벌하기 위해 여러 척의 배에 군사를 나누어 싣고 가는 도중 양쯔강 중류의 협곡인 삼협(三峽)이라는 곳을 지나게 되었다. 이곳은 쓰촨과 허베이의 경계를 이루는 곳으로 중국에서도 험하기로 유명한 곳이다. 이곳을 지나면서 한 병사가 새끼 원숭이 한 마리를 잡아왔다. 그런데 그 원숭이 어미가 환온이 탄 배를 좇아 백여 리를 뒤따라오며 슬피 울었다. 그러다가 배가 강어귀가 좁아지는 곳에 이를 즈음에 그 원숭이는 몸을 날려 배 위로 뛰어올랐다. 하지만 원숭이는 자식을 구하려는 일념으로 애를 태우며 달려왔기 때문에 배에 오르자마자 죽고 말았다. 배에 있던 병사들이 죽은 원숭이의 배를 가르자 창자가 토막토막 끊어져 있었다. 자식을 잃은 슬픔이 창자를 끊은 것이다. 배 안의 사람들은 모두 놀라고, 이 말을 전해들은 환온은 새끼 원숭이를 풀어주고 그 원숭이를 잡아왔던 병사를 매질한 다음 내쫓아버렸다.

이처럼 단장은 부모와 자식, 친구지간 등에서 창자가 끊어질 정도로 매우 슬픈 이별의 아픔을 표현한 말이다. 단장의 아픔을 달리 해석하면 과도한 스트레스로 인한 신체적 손상을 의미한다. 이와 같은 스트레스는 극심한 슬픔에서 비롯될 수도 있지만, 지속적인 외부적 자극으로 비롯될 수도 있는 것이다. 대입을 앞둔 고3 수험생들의 스트레스 지수는 가히 살인적이라 할만하다.

과도한 스트레스는 만병의 근원이다. 의학이 고도로 발달한 현대에서 인간을 해칠 수 있는 3대 원인으로 암, 바이러스, 스트레스를 꼽을 만큼 스트레스는 소리 없는 고통으로 다가오고 있다. 과도한 스트레스는 신체의 면역체계를 떨어뜨리고, 업무능률과 기억력 감퇴 등을 불러일으킨다. 이와 같은 스트레스는 수험생의 학습능률을 저하시키고 면역체계를 손상시킬 수 있다.

수험생 자녀를 둔 부모가 도울 수 있는 여러 방법 중에 '향기요법'이라는 것이 있다. 향기요법은 기본적으로 향기 나는 식물(허브)에서 추출한 에센셜 오일을 개인의 특성에 맞게 선택, 물에 타거나 원액 그대로 코로 향을 맡거나 향초를 이용해 공간 전체에 향기를 퍼지게 하는 방법을 사용한다. 이 요법이 대중적으로 관심을 모으기 시작한 것도 불과 몇 년 전의 일이다.

얼마 전 필자는 이런 자연식물향에 대한 전문적 강의를 들은 바 있는데 수험생의 스트레스 완화를 위한 허브로 라벤더와 카모마일의 효능이 아주 탁월하다는 것을 기억하고 있다. 보랏빛 꽃망울이 고운 라벤더 향의 효능은 마음을 가라앉힐 수 있고, 정신적 피로를 완화시키고 숙면을 유도한다. 집에서 사용할 수 있는 간단한 스트레스 퇴치 향기요법으로 라벤더 향이 들어간 비누를 수험생이 사용하게 한다거나, 라벤더 향이 들어간 아로마 초를 공부하는 수험생의 방에 아주 잠깐씩 켜 주는 것도 좋은 방법이라 할 수 있다고 한다. 또한 밤늦게까지 공부하는 수험생에게 마음을 안정시키는데 매우 효과적인 카모마일 차를 한 잔 권하는 것도 좋은 향기요법이라 할 수 있다.

수험생을 위한 허브 관련 상품으로는 졸음을 쫓아내는 아로마 향기에서부터 대추차 등 각종 건강차 및 허브차, 삼계탕, 총명탕에 이르기까지 매우 다양하다. 이들 제품 대부분이 수험생의 머리를 맑게 하고 집중력을 키워줄 수 있다.

필자는 아침 출근 직후 잠시 눈을 감고 명상을 한다. 그 다음 간단한 단전호흡을 하며 하루의 일과를 체크해 본다. 이때 맑은 향기가 사무실 분위기를 그윽하게 만들어 주면 하루가 더욱 즐겁게 시작되는 것을 느낀다.

오늘 저녁, 학교 수업과 학원 수업을 마치고 돌아오는 자녀의 어깨를 토닥이며, 향기가 넘치는 허브차 한 잔을 권하며 자녀와 하루의 마감 대화를 해 보는 것이 어떨까?

학습 부적응 학생들에게 고함

김경일 (동국대 · 경성대 대학원 외래교수. 교육학 박사)

모든 생명체는 자기 관리 능력이 있다. 병이 나거나 몸에 이상이 생기면 스스로의 힘으로 그것을 극복하거나 고쳐내는 능력이 있다는 것이다.

고추 농사를 해 보면 벌레들이 어린 고추 모종의 줄기를 파먹는 일이 자주 일어난다. 멀쩡하게 잘 자라던 고추 모가 어느 날 갑자기 땅바닥에 픽 쓰러진다. 자세히 살펴보면 줄기의 가장 밑부분을 벌레가 상당히 많이 파먹은 것이다. 고추 모는 자기 힘으로 벌레의 접근을 막지 못하니 속수무책으로 당할 수밖에 없다. 그러나 고추 모는 땅바닥에 쓰러진 채 또 자란다. 며칠이 지나서 보면 옆을 향하던 작은 가지들이 일제히 고개를 들고 생기를 찾아간다. 벌레에게 파 먹힌 자리는 어느새 체액들이 흘러나와 벌어진 틈새가 메워지고 있다. 며칠이 더 지나면 상처 입었던 그 자리가 다른 줄기보다 훨씬 크고 단단하게 아물어 있음을 본다.

사람의 몸도 병이 나면 스스로 고치는 힘이 작용한다. 아플 때는 식욕이 떨어짐으로써 평소보다 음식을 덜 먹게 되고 따라서 위장의 부담을 줄인다. 땀이 많이 나는 것은 몸에 생긴 열을 배출하여 체온을 유지하기 위함이요, 열이 나는 것도 역시 열을 배출하여 몸의 균형을 잡기 위함이다. 모든 생명체는 자기 몸을 최선의 상태로 유지하기 위해 스스로 변화하여 적응해 간다.

학업이 부진한 학생들은 부모나 교사보다 자기 자신이 더 답답할 것이다. 누가 꾸중하고 나무랄 것도 없이 스스로가 가장 힘들다. 공부는 노력하면 된다고 하지만 지적인 능력의 차이는 인정하지 않을 수 없다. 어른들은 그것을 인정하지 않으려 한다. 인정한다 하더라도 아직 자신의 능력을 다 발휘하지 못하고 있다는 생각 때문에 자녀들을 닦달하게 된다. 즉 노력하면 지금보다는 훨씬 나아질 수 있다는 확고한 믿음이 작용하기 때문이다. 문제는 닦달하는 정도가 지나치면 성격이 삐뚤어질 수도 있다는 것이다. 남과 더불어 성실하고 행복하게 살아갈 능력이 있는 아이들이 성격이 삐뚤어짐으로써 평범하게 살기도 어렵게 된다.

학업능력이 부족한 학생들도 자신의 삶을 유능하게 가꿀 능력과 의지는 지니고 있다. 다만 자신의 적성에 맞는 과업을 발견하지 못해서 방황하는 것이다. 부모나 교사는 그들이 무엇을 하길 원하는지, 그것을 찾아 주도록 노력해야 한다. 입시학원 말고도 많은 학원들이 있다. 학생들이 흥미를 가지고 배우기를 원하는 것이 무엇인지를 함께 찾아보아야 한다.

자기 관리능력이란 주어진 여건에서 최선의 길을 찾아나가는 힘이다. 자신에게 맞는 일을 찾았을 때, 사람은 누구나 즐겁고 신나게 일을 하게 되며 또한 일을 통해 성취감과 행복감을 느낄 수 있다. 자기에게 알맞은 일을 찾을 때까지는 많은 인내와 기다림이 필요하다. 인내와 기다림은 힘들고 고통스런 과정일 수도 있다. 느긋하게 지켜보며 더러 잘못된 일을 하더라도 한꺼번에 다 잡으려하지 말고 조금씩 바른 길로 이끌다 보면 스스로 바른 길을 찾아서 힘차게 나아가게 될 것이다.

이처럼 공부 천재의 수능형이 아니더라도 세상 살아가는 길은 매우 다양하다. 하다 못해 대학을 안 가면 어떠한가?

3년 농사, 시험불안증으로 망치기도 한다

김경일 (동국대 · 경성대 대학원 외래교수. 교육학 박사)

시험은 잘하고 못하는 정도를 판단하거나, 합격과 불합격을 결정하는 것이 대부분이어서 사람들은 누구나 긴장을 하게 된다. 중요한 시험을 앞두고 평소처럼 마음이 편안하다면 오히려 이상할 것이다.

시험에 대해 긴장하는 것을 시험불안 또는 시험공포라고 말한다. 알맞은 긴장은 주어진 일을 더욱 잘하게 하는 효과가 있다. 그러나 지나친 긴장은 반대로 일을 그르치는 결과를 가지고 온다. 시험에 대한 불안이 지나치면 잘 알고 있던 내용을 기억해 내지 못할 수도 있고, 당황하여 시험을 망치는 수도 있으므로 수험생들은 시험에 대한 자신의 긴장 정도를 알고 적극적인 대응책을 새워야 한다.

표준화된 심리검사 도구인 시험불안척도를 활용해서 시험불안 정도를 판단할 수도 있지만, 시험을 칠 때 느껴지는 자신의 심리적인 상태를 스스로 판단할 수도 있다. 시험 치는 날 아침에 갑자기 두통이 일어나거나, 식욕이 없다거나, 배가 아프다거나, 설사를 하는 일 등이 습관적으로 발생한다면 심한 시험불안증세로 보아야 한다. 또한 시험을 치는 순간에 갑자기 앞이 깜깜할 정도의 현기증이 일어나거나, 가슴이 쿵쿵 뛴다거나, 정신이 혼란스럽고 주의 집중이 안 된다면 역시 시험불안증세로 볼 수 있다. 그밖에도 사람에 따라서 다양한 증상이 나타날 수 있다. 중요한 것은 본인이 정상적으로 시험을 보기가 어렵다는 판단이 서야 한다.

시험불안을 극복하기 위해서는 여러 가지 방법이 있다. 시험장에 앉아 시험지가 배부될 때까지 자신에게 알맞은 극복방법을 사용해야 한다.

첫째는 긍정적인 자기 암시 방법이다. "나는 잘 할 수 있다. 최선을 다하자, 최선을 다하자." 이렇게 몇 번을 마음속으로 다짐하고 시험에 임하는 것이다.

둘째는 심호흡을 해서 마음의 안정을 찾는 방법이다. 시험 치기 직전에 깊게 심호흡을 몇 번 한다. 숫자를 헤아리면서 숨을 천천히 들이쉬고 숫자를 헤아리면서 숨을 천천히 내쉬는 것이다. '하나~ 둘~ 셋~ 넷~' 하면서 숨을 마시고 '하나~ 둘~ 셋~ 넷~' 하면서 숨을 내쉰다. 3~5회 정도 반복하면 되는 데, 이때 숨은 아랫배로 깊게 들이쉬어야 마음이 안정이 된다.

셋째는 마음속으로 기도를 하거나 평소 자신이 의지하는 사람이나 대상을 떠올리는 방법이다. 남에게 표시나지 않게 하느님께 기도를 하거나, 또는 관세음보살을 몇 번 부르는 것도 좋은 방법이다. 손목에 낄 수 있는 염주나 묵주를 가지고 있는 것도 도움이 되며, 마음이 안정될 수 있는 어떤 사람의 모습을 떠올리는 것도 하나의 방법이다. 이때는 잠시 눈을 감고 짧은 시간에 끝내는 것이 좋다.

넷째는 긴장이완법을 사용할 수 있다. 앉아서 목을 몇 번 돌리거나 가볍게 기지개를 켜서 긴장을 풀 수 있다. 그러나 너무 강하게 힘을 주거나 여러 번 반복하게 되면 오히려 힘이 빠져서 피로해지는 경우도 있으므로 주의해야 한다. 그밖에도 자신에게 알맞은 방법을 얼마든지 개발할 수가 있다.

불안을 극복하기 위한 방법은 시험 때마다 반복해서 사용함으로서 그 효과를 높일 수가 있다. 여러 종류의 방법을 사용하기보다 한두 가지 방법을 자기의 것으로 다듬어 두는 것이 필요하다.

스트레스성 질환을 앓는 수험생이 의외로 많다

YS메디컬센터

계절적으로 찬바람이 부는 초가을이 다가올 즈음에는 의례적으로 소화불량이라 하며 병원을 찾는 고등학교 수험생들이 상당히 있다. 아니 꾸준히 증가하고 있는 편이다.

몇 개 사항의 검진을 해보면 이것은 내과적 질환이라기보다 신경과 혹은 심리 치료적 기능을 요하는 환자라는 것을 금방 알게 된다. 그러나 현재의 신체적 질환이 따르는 만큼 이에 대한 내과적 치료를 하며 수능을 준비하는 시기가 참 힘든 때라는 것을 알 수 있다. 과거 우리가 입시 시즌 때 치른 고통과 연관지어 떠올려 보면 이해할 수 있는 일이다.

소화성 궤양

대개 수험생들이 겪는 내과적 질환의 대표적인 질병이 위산과 펩신의 분비 이상으로 나타나는 소화성 궤양이다. 평소 잠이 부족하거나 불규칙적인 수면 주기와 식사의 불규칙성이 가장 큰 원인인데 이는 급성적 질환이기보다는 수년 동안 대학입시라는 환경에 찌든 신체적 후유증이 남긴 결과라 할 수 있다.

소화불량으로 나타나 배변 습관이 잘 안되어 변비나 설사, 혹은 그것의 반복 현상이 나타나는데 간단한 치료나 약물복용은 일시적, 일과성 치료라고 볼 수밖에 없다. 수험생 본인이 지속적으로 밝은 사고를 갖고 명랑하게 학습하라고 말할 수밖에 없다. 현실성 없는 조언임을 잘 알지만, 또 그게 가장 근본적인 치료책인 것은 분명하다.

간혹 어떤 수험생은 일주일간 밥을 못 먹는다고 한다. 그러면서 생활은 어느 정도 꾸려나간다고 한다. 먹으면 체하니 먹는 것이 겁이 나서 식사를 거부하게 되어 버린다. 일명 거식증이라 하는데 이는 자칫 폭음, 폭식증을 유발하여 비만의 원인이 되기도 한다.

스트레스성 질환

스트레스는 인생을 살아가며 발달 단계마다 주제만 달리 할 뿐, 일생을 통해 나타나게 된다. 인생에서 내적 갈등이 비교적 없는 어린 시절의 평온한 잠복기를 지나 가장 감정의 동요가 심한 사춘기로 접어들면서 소아에서 성인으로의 성장과정에서 겪게 되는 총체적 스트레스 양은 엄청나다고 하겠다. 이러한 청소년기는 정상발

달을 통해 겪는 스트레스 이외에도 우리나라 청소년들의 경우 엄청난 입시 스트레스가 가중된다.

스트레스와 관련된 질병으로 고통 받는 청소년들이 얼마나 되느냐를 밝히기란 상당히 어려운 문제다. 일반적으로 내과 혹은 소아과를 찾는 환자의 5~10%에서 신체 질병이라기보다는 정신적 문제가 신체 증상으로 전환되어 나타나므로 내과, 소아과적 치료보다는 소아정신과 치료가 요구되며 약 40%에서 스트레스로 인해 신체 질병이 유발되거나 악화되는 소위 정신 신체 질환으로 정신과적 도움이 필요하다고 볼 수 있다.

수험생들이 괴로워하는 증세로는 불안 장애라는 것이 있는데 의외로 이런 학생들이 많음을 느낀다. 불안은 위험에 대한 예고이며 또한 무의식적으로 억압된 것이 의식화하는 데에 대한 위험을 예고하는 위험 신호이다. 불안 장애는 외부 요인보다 청소년 자체가 안고 있는 구조적인 취약성이 스트레스에 노출 될 때 문제가 발생하는 것이다.

자신의 능력으로 대학입시라는 환경적 요구에 대하여 자신 있게 대처할 수 있는 능력이 결여되었다고 느낄 때 나타나게 되며, 입시를 앞둔 수험생들 중 상당수가 진로 선택의 갈등이나 시험불안, 입시실패에 대한 압박감 등으로 인해 고통 받고 있다. 이와 같이 시험에 대한 불안과 입시탈락이라는 공포가 복합적으로 작용하여 생긴 일종의 불안 장애를 우리는 입시병, 또는 입시 스트레스 증후군이라고 지칭하고 있다. 최근 병원을 찾는 수험생들의 증세를 보면

흔히 두통, 피로, 현기증, 식욕부진, 시력 장애, 기억력 장애, 불면
증 등의 정신 생리적인 신체증상을 보여주기도 하고 우울, 절망감,
불안 등 정서 장애도 동반되며 때로는 학업포기, 등교거부, 가출,
비행, 약물 남용 등의 청소년 문제를 일으키고 심한 경우에는 일시
적으로 정신병 발작을 일으키거나 자살을 시도하는 등 다양한 형
태의 복합적 증상을 나타낸다.

이에 대한 근본적인 치료 방법은 그 증상에 따라 치료를 달리하
나 정신적 긴장감에 따른 경우가 많으므로 학습 중 기회 있을 때마
다 심호흡을 자주 한다거나 스트레칭을 수시로 하여 신체적 긴장
감을 자율적으로 해소하는 방법이 우선적이다.

증상이 심할 경우는 전문의의 진단을 받는 것이 절대 필요하며
어떤 질병으로 인해 약물을 쉬이 복용하게 되면 내성이 생겨 차후
에 건강의 이상이 수반되므로 이 또한 전문 약사나 전문의의 진료
가 필요하다.

우리 아이, 공부를 너무 하기 싫어해요

박○○ (가명/ 서울 강남 거주)

영어로 귀한 자식을 'Apple of the eye' 라 한다. 우리말에도 그런 뜻의 표현이 있다. '눈에 넣어도 아프지 않을 자기 자식.'

어느 가정의 자식이고 예쁘지 않는 자녀가 없을 것이다. 내 아이도 예외는 아니다. 우리 아이는 초등학교 5학년까지는 활발하게 잘 뛰어 놀고, 친구 관계도 원만해 어디를 내놓아도 걱정 없을 정도로 사회성이 좋은 아이였다. 학교 성적도 신경 쓰지 않을 정도였고 또 그렇게 신경이 쓰일 만큼 시험이 많지 않았다. 그렇기 때문에 내 아이가 전체 학생 중에 어느 정도의 자리에 있는지 가늠조차 할 수 없었다. 적어도 잘 할 것이라며 그렇게 믿고 있었다.

그 당시 나는 공직생활을 하고 있었다. 그래서 아들의 방과 후의 생활이 늘 걱정되기도 하면서도 내 아이를 믿는다는 마음으로 크게 걱정을 하지 않았다. 그래도 습관적으로 오후 3시 이후면 직장에 있으면서 휴대폰으로, 집으로, 학원으로 우리 아이가 왔는지 확인하며 밥은 어떻게 챙겨 먹었는지 등등을 챙겼다. 몸은 직장에 있어도 아이 생각을 하면 한마디로 안절부절못했다고 할 수 있다.

나중에 깨달은 것이지만 초등학교 5학년쯤부터는 아이가 방과 후의 생활을 엄마가 어느 정도 곁에서 관리하고 밀착 보호를 해야 한다. 그러나 그 당시 나는 그렇게 해주지 못했고, 결국 우리 아이가 초등학교 6학년 때 그 유명한(?) 일진회라는 서클에 가입되었다는 걸 알았다. 탈퇴는 자의든, 타의든 할 수 없다는 사실도 알았다.

결국 초등학교 6학년 때 나는 남들이 부러워할 만한 직장을 그만두기로 결심하였다. 이때부터라도 자식 농사 잘 키워야겠다고 다짐했기 때문이다.

그러나 아이는 이미 엎질러진 물처럼, 마음을 다시 되돌리기는 쉽지 않았다. 조그마한 틈만 있으면 이 핑계 저 핑계를 대며 용돈을 요구했다. 그렇게 용돈을 자주 얻어내면 집을 나섰다. 처음에는 그러려니 했는데, 그 횟수가 반복되다보니 이상해서 어느 날 다그쳐 물어보니 자기가 가입한 서클의 형이 돈이나 옷을 가지고 오라고 시켰다는 것이다. 그것을 못 지키면 담뱃불로 손을 지지고, 원산폭격 시키고, 얼굴에 발길질을 막 해댄다는 것이다.

나는 그 서클에 있는 아이들의 엄마들을 수소문하여 긴급 전략회의를 가졌다. 이 사실을 숨기지 말고 학교와 경찰서, 교육청에 모두 공개하여 발본색원하기로 입을 모았다. 처음엔 자기 자식 감싸기에 급급하여 경찰서에 조사 안 받게 하려고 슬슬 뒤꽁무니 빼는 부모들의 모습에서 나는 잘못된 무조건적인 애정이 아이를 망칠 수도 있다는 슬픈 단면을 보았다.

의외로 일진회 모임이 와해되기 시작하였다. 이때쯤 흩어졌던 부모들이 다시 결집하게 되며 눈 밖으로 나간 사과들이 다시 눈 안의 사과로 돌아오게 하였다. 이제는 공부 좀 시켜야겠다는 생각으로 전략의 제 2탄을 구상하였다. 그 동안 공부와 담쌓은 몇 달간이 그들에게 너무나 낯선 남의 나라 이야기처럼 들리는 듯했다.

"기태야(가명), 우리 이제 공부 좀 하자." 하면 아들은 농담으로 "엄마, 공부가 뭐예요?" 반문한다.

강남구 대치동에 있는 중학교에 입학을 하여 첫 중간고사 때 반에서 10등 안에 들던 아이가 이렇게 공부하자는 말에 한숨을 쉬었다. 그렇게 아이를 단속하고 있는 와중에 시일이 흐르자 일진회 아이들이 만난다는 정황을 포착하였다. 공부에 한번 흥미를 잃은 아이는 다시 그런 불량 친구들을 만나고 있어 예전의 생활 매뉴얼이 다시 반복되려고 하였다.

나는 더 이상 이를 방치하는 한국의 교육 현실을 믿지 못해 멀리 호주로 유학의 길을 택했다. '최소 1년 정도 갔다 오면 그놈들과는 모두 정리되겠지. 설마 그 머나먼 이역만리까지 따라 오랴!' 싶었다. 그러나 나의 이런 생각은 착각이었다. 인터넷의 발달로 우리 아이는 그 아이들과 매일 채팅으로 연락을 하고 있었던 것이다.

그 당시 나는 '이제 더 멀리 도망갈 곳이 없구나.' 라는 체념과 한탄을 하며 1년 만에 다시 한국으로 돌아왔다. 그리고 아이에 대해 생각을 바꾸기로 했다. 공부(학습)보다 차라리 운동을 좀 시켜 그

쪽이 자신의 갈 길이면 다른 시행착오는 더 이상 겪지 않으니 기태도 운동에 전념 할 수 있으리라 판단했기 때문이다.

중 3 때 비로소 기태는 농구를 하게 되었고 합숙 생활을 통해 외부 독버섯들과 자연스레 교통정리가 되어 버렸다. 그리고 농구도 무척 좋아하게 되었다. 신체적 조건이 좋아서 빨리 기량을 닦은 편이며 결국, 고등학교를 인근 농구 특기생으로 입학하여 전국대회에 상위 입상을 수시로 하였다.

2006학번으로 대학에 들어간 기태는 이제 완전한 나의 눈에 가시가 아닌 눈 속의 사과로 돌아오게 되었다.

기태는 가끔 이런 말을 나에게 한다.

"엄마, 내가 만약 그 당시, 하기 싫은 공부를 끝까지 주변에서 고집하고 나를 그렇게 강요했다면 나의 세계가 어떻게 되었을까? 나는 이 농구의 길이 너무 행복해!"

사람마다 자기의 갈 길이 있는 듯하다. 그 길을 찾아 헤매는 시행착오를 빨리 깨닫고 다시 시작한다면 그것은 참 행복한 일이라는 생각을 해본다.

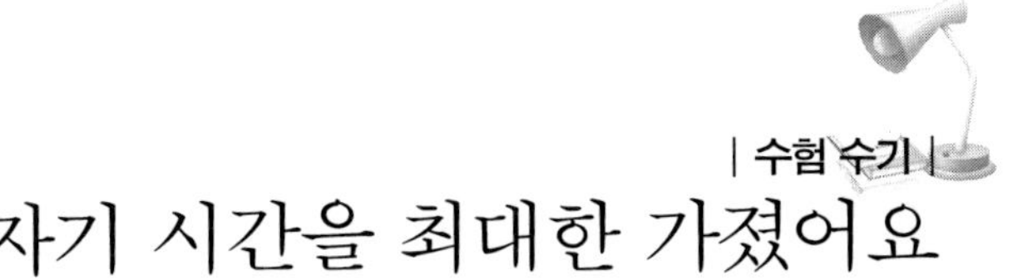

자기 시간을 최대한 가졌어요

최 ○ ○ (경희대 한의대 2006 학번)

대학 입시라는 커다란 관문을 통과한 지가 벌써 반년이 넘어가고 있다. 돌이켜보면 고등학교 시절 내내 슬럼프도 있었고 압박감과 스트레스도 많이 받았다. 공부를 아무리 해도 점수가 오르지 않고, 똑같은 실수를 반복하고, 다잡았던 마음이 흔들리곤 했던 기억들이 난다. 하지만 지금 내가 이런 글을 쓰고 있는 걸 보면, 모두가 힘들었던 그 시절을 나름대로 현명하게 보냈던 것 같다.

누구에게나 자기만의 효과적인 공부 방법이 있겠지만, 그래도 내 조언이 조금이나마 도움이 되었으면 하는 생각에서 이 글을 쓰게 되었다.

우선 공부는 스스로 해야 한다. 학교 선생님이나 학원에 의지하는 습관을 가진 친구들이 많은데, 별로 좋지 않다. 배운 것을 자기 것으로 만드는 과정이 필요하기 때문이다. 특히 내신이건 수능이건 시험 전에는 반드시 스스로 중요한 것을 정리해 보고 혼자 문제를 풀어보는 시간이 필요하다. 나도 고 2 때까지는 학원을 꽤 다닌 편이었다. 하지만 막상 진도를 다 나갔다고 해도 숙제를 안 해가거나 수업을 들은 후 정리를 해놓지 않아서 잘 기억도 나지 않는 경우가 대부분이었다. 그래서 고 3 때는 학원수업을 꼭 필요한 부분만 다니며 최소한으로 줄이고 그 동안 배웠던 내용들을 혼자 정리하고 문제 푸는 식으로 공부를 했다. 물론 모르는 개념이나 문제들은 개별적으로 질문도 많이 했다. 처음에는 혼자 공부하는 것이 시간도 많이 걸리고 어렵지만 몸에 배면 점점 빠르고 효과도 좋은 것 같다.

계획을 세워서 공부를 하는 것도 좋은 방법이다. 특히 방학기간은 장기 계획을 세워서 실천하기에 좋은 기간이다. 자기 수준에 맞는 문제집을 샀으면 목차를 보고 우선 계획을 세워본다. 내 경우는 하루 단위로 몇 문제 혹은 몇 장씩 푼다는 식으로 세우는 게 실천하는데 가장 효과적이었다. 일주일 단위나 3일이 넘어가는 단위는 미루기도 쉽고 긴장감도 쉽게 없어지기 때문이다. 또 학교 수업이 끝난 후 야간 자율학습 시간도 간식을 먹고 친구들과 수다를 떨다 보면 금방 가버리기 쉽다. 그래도 시간 단위로 계획을 세우고 그날 집에 가기 전에 할 일을 미리 정해놓으면 버리는 시간이 줄어들 수 있다. 계획대로 모두 실천할 수는 없지만, 1/3이라도 실천하고 나면 성취감이 남고 기분도 좋았던 것 같다. 실천하지 못할 계획이라는 걸 알지만 계획을 세워보는 것이 세우지 않는 것보다는 나은 방법이라 생각한다.

　마지막으로 꿈을 가지는 게 무엇보다 중요하다. 목표를 갖고 그 목표를 이루기 위한 의지가 있다면 어떻게든 최선의 노력을 하게 될 것이다. 나도 슬럼프가 여러 번 있었다. 수능을 앞두고 수학 문제를 풀 때마다 계산 실수를 해서 힘들었던 적도 있었고, 문제를 대충 읽고 넘어가는 습관이 고쳐지지 않아서 계속 고생하기도 했다. 물론 점수가 생각만큼 안 나와서 고민한 적도 많았다. 처음에는 한숨만 쉬고 포기하고 싶었지만, 이럴 때일수록 최대한 긍정적으로 생각하고 극복해야 내 꿈을 이룰 수 있을 거라는 생각이 들었다. 그렇다고 의지만큼 금방 벗어날 수는 없었다. 하지만 그렇게 노력하다보니 언제부턴가 실수도 많이 줄고 자신감을 가진 내 자신을 발견할 수 있었다. 오히려 슬럼프를 극복함으로써 한 단계 성숙할 수 있었던 것 같다.

　입시가 인생의 전부는 아니다. 하지만 인생의 전부도 아닌 입시에 성공하지 못한다면, 다른 어떤 것에서도 성공하기 힘들 것이라는 말이 생각난다. 입시는 누구에게나 어렵고 힘든 과정이지만 꿈을 이뤄가는 과정이기도 하다. 고등학교 시절은 자신의 미래를 마음껏 꿈꿀 수 있고 그것을 현실화할 수 있는 가능성과 희망이 존재하는 소중한 시간이다. 마지막으로 힘들고 지칠수록 긍정적으로 생각하고 힘을 얻었으면 좋겠다.

나의 대입수험 전쟁을 회고하며

신○○ (서울 법대 2005학번)

대학입시….

말만 들어도 숨이 확 막혀 오던 그런 시절이 내게도 있었다. 그냥 불안하고 '나에게도 대학 생활이라는 게 존재할까?' 하는 걱정에 휩싸일 때가 많았다. 그러나 그 불안들을 입시준비라는 대의명분(?) 앞에 잠시 접어 둔 채 그냥 열심히 땅을 파듯 공부하는 길이 최선의 방책이라 생각하며 결과는 하늘에 맡기기로 하였다.

비가 참으로 많이 내리던 그 해 여름, 마지막 3개월을 앞두고 이 기간이 나의 인생의 행보를 결정짓는 참으로 중차대한 시절임을 자각하게 되었다. 지금도 늘 그 해 여름이 문득문득 떠오른다.

대입 준비를 할 때에는 무엇보다 자신만의 맞춤형 공부 방법이 필요하다. 그 방법을 최대한 빨리 찾는 것이 중요하다. 그러나 나는 고등학교 2학년 겨울방학이 되면서 스스로에게 맞는 학습방법을 찾게 되었다. 재외국민 특별전형으로 입시를 준비했기 때문에 중요도가 높은 '수학'과 '영어 에세이'에 시간을 훨씬 더 많이 투자했고, 수학의 기초문제집을 풀면서 다시 기초부터 확실하게 공부를 하였다. 입시에 대한 불안감 때문에 빨리 어려운 심화 문제들을 풀어야 한다는 생각에 휩싸이게 되는데, 그럴 때일수록 기초를 차근차근 다지는 것이 중요하다.

학교수업이 없는 겨울방학 중에는 혼자 공부할 시간을 많이 가졌다. 이때는 주로 밤늦게까지 공부를 하느라 늦게 일어나는 생활을 할 수밖에 없었다. 그런데 가끔씩 무리하게 밤을 새워 공부하다 보니 생활의 리듬이 흐트러지는 날이 다반사였다. 이런 나의 경험을 비추어서 현재 대학수능을 준비하는 학생들에게 한 가지 조언을 한다면, 겨울방학 때 무리하지는 않을 정도로 혼자 공부할 시간을 많이 확보하여 꾸준히 유지하는 것이 건강 관리상 중요하다.

고등학교 3학년 3월이 되어서 잘 아는 선생님으로부터 수학을 집중적으로 지도 받기 시작했다. 이때부터 선생님이 주신 과제와 혼자 푸는 문제집 등을 병행하게 되었는데, 같은 단원에 대해 다양한 문제를 동시에 접하는 것이 도움이 되었다. 또 학교 수업 진도에 해당되는 부분을 혼자 공부하여 이중삼중으로 내용을 심도 있게 다뤘다. 이와 함께 선생님의 지도하에 체계적으로 오답노트를 작성하기 시작했다.

개인적으로 표지가 딱딱한 스프링 노트를 선호하는데, 그런 노트를 구입하여 틀린 문제와 풀이를 적절히 분류하여 다시 작성하여 한 권의 책처럼 만들었다. 오답노트는 내가 잘 틀리는 문제유형 그리고 풀이 과정상 오류를 확실히 보여주고 언제든지 복습할 수 있게 해주는 나만의 맞춤형 교재였다. 시험에 임박해서 최종 점검을 할 때에도 잘 정돈된 오답노트를 보면서 다시 한 번 약점들만 보완하는 것이 효율적이었다.

나를 극진히 아껴 주시며 가르쳐 주신 선생님은 오답노트에 대한 강조를 워낙 많이 하셨기 때문에 학원 수업 후 귀가하면 오답노트부터 작성하는 것이 생활화되었다. 3학년 1학기말부터는 조금 더 능률을 높이기 위해서 헬스장에서 운동을 하기 시작했다. 밤 11시에 집에 돌아온 후 약 40~50분 정도 가벼운 운동을 하고 집에 돌아와서 샤워 후 새벽 2~3시까지 자기 공부를 하고 다음날 6시에 일어나는 식으로 생활을 하였다. 3학년 때는 체력이 매우 좋아서 잠을 3~4시간으로 줄여도 다음날 많이 힘들지 않았었다. 이런 운동을 통해서 능률도 높이고 정신적 안정감도 찾을 수 있었다. 그래서 3학년 5·6월 달에 가장 집중적으로 공부할 수 있어 실력이 향상된 것을 눈으로 확인할 수 있었다.

3학년 여름방학 동안에 수학은 여러 가지 응용문제를 풀면서 실력을 차곡차곡 쌓아갔다. 영어 에세이는 여러 번 퇴고하면서 학원 선생님으로부터 지도 받고, 세 번까지 가필하는 방법으로 나 자신만의 글의 전개 방식을 익혔다. 물론 여러 문제에 대해 써보는 것도 중요하지만, 하나의 글이라도 만족스러울 때까지 끈질기게 수정하고 가필하는 것이 궁극적으로 도움이 되었다. 여름방학이 끝날 때쯤에는 잠시 슬럼프에 빠진 적도 있었다. 그러나 다급해하지 않고 원래 하던 그대로 공부하려고 노력함으로써 빨리 극복할 수 있었다. 마지막으로 자기 자신을 알고 그에 맞는 공부 방법을 찾아서 목표 의식을 갖고 생활하는 것이 후회 없이 고등학교 3학년을 보낼 수 있는 길이라고 생각한다.

그 해 가을….

나는 몇 군데의 합격 통지서를 받았다. 남들이 최고 명문이라 일컫는 K대학교 법대, Y대학교 법대, 그리고 마지막에 서울대학교 법대까지 모두 합격 통지를 받았다. 내가 생각해 둔 그 꿈을 좇아 서울 법대로 최종 결정하였다. 지금 생각해 보면 입시를 준비하던 때가 나의 역량을 발휘하며 최선을 다했던 가장 아름다운 시절이었다는 생각이 문득문득 스친다.

수능, 너무 긴장하지 말고 평소대로

조○○ (용산구 Y고 졸업, 서울대 약대 2006 학번)

수능을 보고 느낀 것 중 하나가 언어, 수리, 외국어 이렇게 주요 3 과목의 성적이 매우 중요하다는 점이었다. A학생이 B학생보다 총점은 더 낮지만 언어 · 수리 · 외국어 점수가 더 높다면 대입에서 절대 A학생이 B학생보다 입시 성적이 나쁘다라고 말 할 수 없고 실제로 A학생이 더 좋은 입시성적을 가져온 경우가 많았다. 그리고 수능은 객관식 패턴의 문항이 많다 보니 5지 선다 중 확실히 답이 아닌 것 3개를 배제하면 확률은 1/2 로 좁혀지는 시험이었다. 정확히 답을 모르더라도 찍어서 답을 고르기만 하면 된다.

나도 수능을 볼 때 답을 확실하게 모르고 푼 문제들이 매우 많았다(특히 언어영역에서). 그래도 그냥 맞추기만 하면 된다. 그만큼 나는 낙천적으로 편안하게 수험 시절을 보낸 것 같다. 다만 여기서 유의할 점은 5개 중 3개를 배제하는 기술이나 능력이 중요한데 그것은 노력과 땀의 소산이라 생각한다.

공부를 잘 하는 사람이 운이 좋다 라는 말을 들을 때면 나는 심한 거부감을 가졌다. 운이 아니라 3개를 걸러내는 것이 바로 실력이기 때문에 운으로 돌릴 수 없다는 점이다. 마지막으로 중요한 건 수능 시험은 일 년에 딱 하루 본다는 것이다. 그러므로 그 날짜에는 최상의 몸 컨디션을 만들기 위해 노력해야 한다. 규칙적인 생활은 물론이고 으슬으슬 추워지는 11월에 감기 걸리면 최악이므로 독감 예방 주사 같은 것을 맞아주는 센스가 필요하다.

주요과목은 어떻게 공부할까

언어영역에 대해서는 솔직히 언급하기가 부끄럽다. 고등학교생활을 하면서 본 모의고사 중에 언어영역의 점수가 90점이 넘어본 적이 없기 때문이다. 그러나 나름대로 수험생활을 겪으면서 언어영역득점을 올릴 것에 대한 생각도 해보고 언어영역의 고수 친구한테 물어보면서 느낀 것은 '자신의 스타일에 맞게 문제를 푸는 것' 이다. 무슨 딸깍발이 선비처럼 정직하게 1번부터 60번까지 순서대로 풀 필요가 없다. 자기가 좋아하는 것부터 푸는 걸 좋아하면 그 영역부터 풀고 싫어하는 걸 먼저 해치우겠다 싶으면 싫어하는 분야를 풀라는 것이다. 물론 나는 언어영역의 초고수라서 그딴 잔머리는 굴리지 않아도 95점을 넘을 자신이 있다면 상관은 없지만 말이다.

수리영역은 자신이 있는 과목이었다. 실제로 고 2 때까지는 수리

영역 성적이 잘 나왔었다. 그러나 고 3이 되면서 내용도 어려워지고 문제도 정교해지기 때문에 원하는 만큼 점수가 계속 나오지 않아 슬럼프에 빠지기도 했었다. 아무튼 나는 수리영역을 문제풀이 위주로 하였다. 다양한 문제를 접하면서 다양한 응용방법을 터득하기 위해서였다. 그리고 한 가지 당부하고 싶은 점은 수리영역문제를 풀면서 "아차!" 소리가 나오게 만드는 작은 실수로 틀린 문제에 관한 이야기다. '이 문제는 몰라서가 아니라 실수로 틀렸었다.' 라고 생각하고 그냥 넘겨버린다면 다음에 99.9% 똑같은 이유로 틀릴 것이다. 그러한 실수도 실력이므로 반드시 다음에 문제를 풀 때는 머릿속에 입력을 해 놓고 단점을 고친 상태로 문제를 풀어야 한다.

외국어 영역은 개인적으로 단어라고 생각한다. 수능에서의 문법은 별로 문제가 되지 않는다. 수능의 문법문제는 매우 제한적인 범위에서 나오기 때문이다. 때문에 어느 정도 선까지 공부를 해 놓으면 문법은 그리 틀리지 않을 것이다.

나는 단어장을 만들어서 외웠다. 하루에 모의고사를 반 회에서 한 회 정도 풀고 그곳에서 모르는 단어들을 사전을 찾아가며 단어장에 전부 적어놓았다. 그리고 그 날이 무슨 요일이었는지를 적어놓고 그 다음 주가 됐을 때 그 단어를 보았다. 예를 들어 '수요일'이라고 적으면 그 다음 주 수요일에 그것을 보고 그 다음 주 수요일에도 계속해서 보는 방식이었다. 이런 식으로 단어를 반복시키면서 외우면 효과가 매우 좋다고 생각한다. 10개월 동안 단어장을 계속 채워나갔는데 수능이 끝나고 단어 개수를 세어보니 8천 개 정도 되었다(많은 것인지 적은 건지 알 수 없지만. 나의 능력으로는 많다고 생각). 이렇게 외워두니 단어문제는 거의 틀리지 않고 독해도 수월하게 되었던 것 같다.

수험생의 생활

수험생의 생활은 어쩌면 공부보다도 더 중요한 것인지도 모른다. 규칙적이고 바른 생활이 더 능률 있는 공부를 할 수 있게 만들어주기 때문이다. 수험생활 중에 가장 중요한 것은 잠이다. 잠에 관해서는 단호한 생각을 가지고 있다. 최소한 충분히 자라는 것이다. 잠은 절대 아끼지 말아야 한다. 공부 더 한다고 늦게 자면 그 다음 날 수업시간이나 쉬는 시간 때 졸게 되어 있다. 또는 졸지 않는다 해도 피로하게 되니 그 날 전체적으로 공부의 능률은 떨어지게 되어 있다.

결론적으로 잠을 충분히 자고 공부하는 것보다 공부하는 시간은 많았던 것 같이 느껴지지만 실제로 공부하는 시간도 적고 능률도 떨어지게 되는 것이다. 나는 개인적으로 잠도 많이 자고 먹기도 정말 많이 먹었다. 그 때문에 고 3때 늘어난 살을 빼기 위해 지금도 노력중일 정도로 충분한 영양을 섭취했다.

아무튼 그렇게 많이 먹고 잠도 많이 잤기 때문에 건강하게 수험생활을 보냈다고 생각한다. 또 개인적으로 농구를 매우 좋아해서 학교에서 운동도 많이 했기 때문에 굳어 버린 몸도 좀 풀 수 있고 재미있는 추억도 만들 수 있었다. 결론은 수험생활을 하면서 폐인처럼 공부만 하는 것이 아니라(물론 수능이 얼마 안 남으면 폐인이 되어야 한다) 장기적인 안목으로 마라톤을 한다는 생각을 가지면서 유연하게 수험생활을 보내라는 것이다.

부록

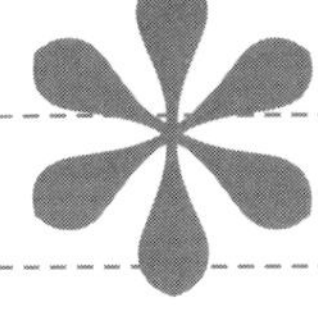

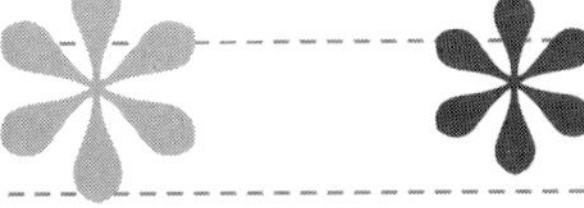

알아두면 유리한 입시상식

1 산업체 특별 전형은 어떤 대학들이 시행하는지요?

2007학년도 기준 산업체에 근무하는 대학 특별 전형을 실시하는 대학은 다음과 같다.

수시 1_ 금오공대, 경성대, 국민대, 단국대, 동국대(경주), 동아대, 숙명여대

수시 2_ 공주대, 부경대, 삼척대, 순천대, 인천대, 제주대, 경기대, 경원대, 경일대, 계명대, 광운대, 광주대, 대구대, 대구외대, 대신대, 대전대, 대진대, 동국대(서울), 동서대, 동신대, 동의대, 배재대, 부산가톨릭대, 부산외대, 상지대, 서울신학대, 성결대, 수원대, 숭실대, 신라대, 아시아 전통과학대, 안양대, 영남대, 용인대, 우석대, 울산대, 위덕대, 조선대, 청주대, 한국산업기술대, 한일장신대

정시_ 가군 : 한국체육대, 가톨릭대, 경주대, 국민대, 그리스도신대, 대불대, 동국대(서울), 원광대, 전주대, 한남대, 한성대, 호서대

나군 : 강남대, 목원대, 서울기독대, 성신여대, 세명대, 영산대, 울산대, 청주교대

다군 : 창원대, 건양대, 대구외대, 명지대, 서경대, 서남대(남원), 아시아 전통과학대, 영산대, 진주국제대, 탐라대, 한국성서대, 한동대, 한서대, 한성대, 호남신학

* 전형하는 방법이나 일정이 각 대학마다 차이가 있으므로 이들의 대학 홈페이지나 학교에 직접 확인해야 한다.

2 수시 모집 합격자가 등록을 포기하였는데도 정시모집에 추가지원을 할 수 없나요?

금지된다. 아니 합격이 모두 취소되니 수시 모집을 매우 신중하게, 가족들과 관계자들 협의 하에 수시 지원을 하되, 소신지원을 하여야 후회하지 않는다.

3 학생회 임원을 특별 전형하는 대학은 없는지요?

해마다 적용하는 대학들이 가감이 되는데 2007학년도에 적용하는 대학은 총 26개교(수시 1학기와 2학기 모집대학의 단순 합산)로서 다음과 같다.

- 1학기 수시 모집 대학_ 경희대, 목포가톨릭대, 성균관대, 우송대, 인제대 (사립대 : 5개교)
- 2학기 수시 모집 대학_ 전북대, 경남대, 고려대, 광운대, 단국대, 대구대, 덕성여대, 동서대, 동신대, 삼육대, 서울여대, 성결대, 성신여대, 신라대, 안양대, 우송대, 이화여대, 인제대, 한국외대(서울), 한림대, 한양대 (21개교)

이들에 대한 전형은 지원 자격을 부여할 뿐, 전형 점수에 산입되지 않는다.

4 학생생활 기록부 반영비율이 100 %인 대학이 있다고 들었는데요?

정시모집에서 경동대와 상명대가 그렇다. 그러나 연도별로 적용하는 대학이 달라지므로 반드시 해당하는 연도의 적용여부를 대학 홈페이지를 통해 확인해야 한다.

5 학교 내신성적은 언제까지의 기록이 반영됩니까?

통상, 수시 1차는 고교 2학년까지의 성적이, 수시 2 차는 3학년 1학기까지, 정시모집은 고교 전학년의 과정이 반영된다.

6 학생부의 실질 반영률이 어느 정도 됩니까?

예를 들어 학생부 성적이 400점, 수능 성적이 600점으로 총 1,000점 만점을 기준으로 산정한다면 명목상 학생부 반영 비율이 40%가 된다. 그러나 기본점수를 320점을 부여한다면 타학생들과의 비교 반영이 80점에서 좌우되므로 8%가 바로 실질 반영률이 된다. 2004학년도에 8%, 2005학년도에 10.7%, 2006학년도에 10.2%, 2007학년도에 9.4 %가 될 예정이다.

7 학생부 성적중 평어로 반영하는 대학은 어떤 곳인가요?

학생부 교과 성적을 점수로 하지 않고 수, 우, 미, 양, 가의 평어로 산출하는 대학들이 있다. 내신에 의한 변별력을 가급적 무디게 하겠다는 취지에서 나온 적용 방식이므로 실질 반영 비율이 약화되는 특성이 있다.

경기대, 경희대, 고려대(정시), 광운대, 동국대(정시), 명지대, 서강대, 서울교대, 연세대(정시), 이화여대(정시), 한국외국어대 등이 있다.

8 석차 백분율을 적용하는 대학은 어떤 곳이 있나요?

석차 백분율을 반영하는 대학이라 하더라도 동석차를 인정하는 대학과 그러하지 않는 대학들이 있다. 대학별로 석차 백분위를 3~30 개 등급으로 나누어 적용한다. 석차 백분율을 적용하는 대학은 단국대, 덕성여대, 동덕여대, 총신대, 한양대(수시), 가톨릭대(간호, 신학, 의예), 인하대, 한신대 등이 있다. 한편 동석차를 인정하지 않는 대학은 강남대, 건동대, 경북대, 경성대, 고신대, 공주교대, 동의대, 서울시립대, 한라대 등이 있다.

9 봉사활동 점수는 어떤가요?

고교 1학년부터 3학년까지 봉사활동 상황을 등급화하여 반영하는 대학이 있다. 헌혈과 같이 시간으로 환산할 수 없는 경우 이를 인정하지 않는 대학도 있다. 수시 일반 전형에서 덕성여대(5%), 극동대(10 %), 영동대(20 %) 등이 있고, 정시 일반 전형에서 가톨릭대, 고려대, 덕성여대(모두 5%), 이화여대(13 %), 서강대, 한양대(10 %) 등을 반영한다.

서울대는 적용방식이 특이한데, 학생부를 독립된 전형요소로 판단하지 않고 자기소개서, 추천서, 각종 증명서 등을 종합적으로 평가하는 일괄 평가 제도를 시행하고 있다. 한편 20시간 이하의 봉사활동은 결격 여부를 심사하기도 한다.

10 저희 아버지가 공무원으로서 청백리상을 수상하셨는데 특전이 있는지요?

고교 재학 중 선효행상을 수상하였거나 교내외 수상 경력이 있을 때 정시 일반에 반영하는 대학들이 있다. 경북대, 공주교대, 서울대, 연세대, 청주교대 등이 있으며 수상 종류에 따라 반영되는 여부를 각 대학 홈페이지에서 확인하여야 한다.

서울 시립대는 청백리상이나 청백 봉사 상을 수상한 공무원 자녀에게 학생부와 수능 성적으로 선발하는 제도가 있다. 대구 외국어 대학은 면접만으로 산정한다.

11 저는 고교 2학년 때 학급 회장을 한 적이 있는데요.

특별활동이란 고교 재학 중 총학생회, 학급회장, 계발 활동부장 등 지도적 활동을 한 학생에게 부여하는 특별 자격 제도가 있다. 명칭이 유사하지만 리더십 전형으로 지원하면 유리하게 자격부여를 받을 수 있다.

12 4칙 계산이 되는 시계를 부착하고 고사장에 들어 갈 수 있나요?

금지된다. 최근에 휴대용 전화기를 이용하여 대규모 부정행위가 발각된 이후 수능 부정행위에 대한 감독, 규제가 매우 강화되어 있다.

• 반입 가능물품_ 신분증, 수험표, 연필, 지우개, 답안 수정용 수정 테이프, 컴퓨터용 사인펜, 시각표시기능만 부착된 시계, 지갑 등

• 반입 금지 물품 휴대용 전화기, 디지털 카메라, MP3, 전자계산기, 라디오, 워크맨, 시각표시 이외의 기능이 부착된 시계 등

최근 어떤 수험생은 자신의 책가방 속에 개인용 휴대폰의 전원을 끈 상태에서 무의식중 반입하여 차후에 소지품 검사에서 발각되어 수능시험 부정행위로 간주, 실격당한 일이 있었는데 고사 당일 가방 검사를 스스로 매우 신중하게 할 필요가 있다.

13 응시 선택 과목을 나중에 변경해도 되나요?

대입수능 응시 원서를 접수한 후 응시 영역이나 선택과목을 변경하는 것이 제한되어 있다.

이는 전체적인 관리상, 변경하면 응시 분포도, 비율 산정 등에 애로가 있어 인정하지 않고 있다.

14 탐구 영역에서 선택과목을 순서대로 치러야 하나요?

수능 원서 접수 시에 기재한 선택과목을 순서별로 치러야 한다.

15 추천인 특별 전형을 가고 싶습니다.

일부 대학에서 추천인 특별 자격을 부여하고 있다. 지원하는 대학이나 학과의 성격에 맞는 추천인의 추천이 적합하다. 예를 들어 종교학과를 가기 위해서라면 그 대학의 해당 종교에 맞는 지도자의 추천이 적합함을 의미한다. 주로 시도 교육감, 지방 자치 단체의 장, 종교 지도자, 경기 단체장, 자매결연 및 산학 협력 기관장, 고교 교사, 학교장, 경찰서장 등이 있고 때에 따라서는 본인의 추천도 있다.

아울러, 필자가 본 바로 자기 지역의 국회의원의 추천서를 받은 학생이 공교롭게도 모두 탈락한 사실을 목격했는데 아마도 지원 성격상의 부적합

추천이 아닌가 여겨진다. 무조건 고위관의 추천보다는 지원하는 학과의
성격에 적합한 추천인을 고려함이 좋고, 필자가 보건대 해당 교사나 학교
장의 추천이 어느 누구보다도 그 학생의 됨됨이를 가장 잘 알고 있는 점을
감안해 볼 때 가장 적합한 경우라고 판단된다.

16 저는 경남 고령에 사는 남학생으로서 특기도 있는데요.

학생에 따라 특별 전형에서 두 가지 이상의 요소에 적용될 때가 있다.
이 경우에는 다른 몇 가지 고려 사항 중에 선발하는 인원수나 비율을 가장
우선함이 좋다. 특기자 전형은 인원이 매우 한정되어 있고 전문적 수준에
도달한 학생들을 위주로 선발하나 이 학생의 경우 농어촌 학생 특별 전형
으로 지원하면 그 혜택의 폭이 커진다. 농어촌 전형은 최대 4% 까지 모집
하며 농어촌에 사는 수험생의 숫자가 도시에 비해 적기 때문에 특기자 전
형보다 유리하다.

17 2005년 취업률 상위 10위 학과는?

- 전문대_ 반도체와 세라믹 신소재, 광학, 금속, 항공, 뷰티 아트, 해양,
  건설, 농수산, 유아교육, 기전공학
- 대학_ 의학, 한의학, 치의학, 간호학, 초등교육, 약학, 체육학, 교양 경
  상학, 특수교육, 기전공학

18 정부의 10대 차세대 성장 동력 산업은 무엇인가요?

디지털 TV방송, 디스플레이, 지능형 로봇, 미래형 자동차, 차세대 반도체,
차세대 이동통신, 지능형 홈 네트워크, 디지털 콘텐츠, 차세대 전지, 바이
오 신약

19 문제 은행식이란?

2008학년도 대입수능 고사부터 문항 공모 등에 의한 출제를 일부 영역

(탐구영역)에 도입하기로 하였다. 2010년도에는 전 영역에 걸쳐 시행하여 폐쇄형 정보 탈피를 목적으로 한 이 제도는 선진국에서 많이 시행하는 출제 방식이다. 필요 문항의 약 100배에 해당하는 12만 문항을 축적할 계획으로 추진하고 있다.

20 실용 수학이란?

대입수능 고사의 수리 영역(수학)을 보면 과거 학력고사와의 차이점을 한 눈에 쉽게 구별할 수 있는 부분이 바로 실용 수학의 도입이라 할 수 있다. 종래에는 순수 수학을 주요 출제 영역으로 삼았으나 1994 년 대입수능 고사의 도입 이래 지속적으로 실용 수학에 대한 관심이 증대되어, 현재는 수능고사 뿐만 아니라 통합 논술에도 이 부분을 매우 많이 적용할 계획이다. 최적화 이론, 선형 계획법에 의한 경제적 이용 방법, 확률이론에 의한 가능성 산출, 여타 영역에의 응용, 행렬 기법에 의한 간편 정리, 시계열 분석에 의한 추론, 기하와 해석학의 융합 문제 등이 있으며, 실제 최근 기출문제에서 통상 5 문항 내외가 해당되므로 약 15 % 수준이라 보면 된다.

21 보정점수가 무엇인가요?

각 대학들이 수능고사의 선택과목과 영역에서 선택상의 불이익을 최대한 줄여 주기 위한 방법을 말한다.

수리 영역 가형과 나형, 사탐과 과탐 영역의 선택과목에 따라 난이도 조절 실패로 선택과목간 표준 점수 편차가 커질 때 대학이 자체적으로 만든 기준에 따라 부여하는 점수를 말한다.

선택과목이 달라도 백분위 성적이 비슷하면 유사 점수가 나오게 된다. 예를 들어 A 과목의 원점수가 만점이지만 표준점수가 75점이 나오고, B 과목의 원점수도 만점이지만 표준 점수가 93점이 나왔다면 원점수 만점자끼리는 억울한 일이 없도록 다같이 100 점을 부여하는 방식이다.

- 언어 · 수리 · 외국어영역 표준점수 산출과정

$$표준점수 = \frac{원점수 - 평균}{표준편차} \times 20 + 100$$

- 탐구.제2외국어/한문영역 표준점수 산출과정

$$표준점수 = \frac{원점수 - 평균}{표준편차} \times 10 + 50$$

- 영역별 문항수와 원점수 · 표준점수

영역	문항수	원점수 만점	표준점수		
			평균	표준편차	범위
언어	60	100	100	20	0~200
수리	30	100	100	20	0~200
외국어(영어)	50	100	100	20	0~200
사회/과학/직업탐구	20	50	50	10	0~100
제2외국어/한문	30	50	50	10	0~100

22 수리 탐구 '가 - 나' 형이 무엇인가요?

제6차 교육 과정상 자연계 수학이 가형이라고 판단하면 쉽다. 다만 그 당시 들어 있던 일차 변환과 복소수 등이 폐지된 점은 다르다.

가형은 자연계 학생들이 취급하는 수학 영역으로 대부분의 대학이 자연계 응시 때는 수리 영역 가형을 요구하나 일부 대학은 가나의 교차 지원도 허용하고 있다. 가형에는 수학I 의 전 과정과 수학II의 전 과정 및 선택 과정(미적분, 확률 · 통계, 이산 수학)중 하나를 선택하여 응시하여야 한다.

나형은 인문계 학생들이 배우는 수학을 의미하는데 제6차 과정 때까지 배웠던 미적분, 함수의 극한 등이 폐지되고 공통수학(10-가, 나)이 제도적으로 폐지되어 있다. 그러나 공통수학은 인문계든, 자연계든 반드시 완벽 학습을 해 두어야 실수 없이 목표하는 성과를 얻을 수 있다.

23 모집 인원 유동제란 무엇인가요?

일부 대학에서 지원자의 성적 사정을 할 때, 합격선에 동점자가 다수 발생한 경우 동점자에 한하여 모집인원보다 초과하여 모집할 수 있게 하는 제도를 말한다. 그러나 이런 경우 교육 감독 기관으로부터 승인을 취득하여 시행하고 있는 것이 현실이다.

24 심층면접을 하는 이유?

심층면접의 근본 취지는 필기고사로 평가하기 어려운 요소를 평가하는 데 있으며, 평가 요소를 기본 소양 평가와 수학 적성 평가로 구분하고 있다. 기본 소양 평가에서는 학생의 인성과 태도 등 건전한 대학생이 되기 위해 갖추어야 할 자질을 평가하며, 지원자의 논리적 사고 능력, 종합적 판단력, 표현 및 의사소통 능력 등을 평가한다. 수학 적성 평가에서는 전공 분야 교과에 대한 이해와 기본 소양, 교과와 관련된 사고력, 새로운 경험을 통합하고 새로운 사태에 적용하는 능력 및 학과에서 필요하다고 생각되는 능력과 소양을 측정, 평가하는데 대체로 특정 문제를 제시하고 인문계는 이에 대한 해결책을 설명하게 하고 자연계는 그것을 구체적 수치로 답을 도출하게 하는 경우가 많다.

구체적으로, '낙태의 정당성'에 관한 문제가 나온 적 있는데, 1단계로 "낙태는 살인인가?", 2단계로 "태아는 인간인가?", 3단계로 "인간이란 무엇인가?"로 점차 심층화된 문제로 유도된다.

이때 유의할 점은 일관성 없이 중간에 자신의 논지가 번복되면 큰 감점을 받으니 절차상 적합한 시점을 찾아 내용 수정을 하되 가급적 자신의 의견을 밀고 나가는 것이 좋다.

주요 대학 논술 이렇게 나온다

대학별로 수시와 정시모집에서 논술 고사를 보게 되는데 어느 대학을 지원할 것인가에 따라 학습 대비책도 달라져야 한다. 왜냐하면 주로 출제되는 경향과 주제 및 제한 글자 수가 대학마다 차별화 되어 있기 때문이다. 대학의 성향을 알고 그에 맞춰 대책을 세우면 그것이야말로 백전백승이 아니겠는가?

그러나 어느 대학이든 공통적으로 적용되는 출제원칙이 있다. 이것은 일반적 상식의 개념이기도 하거니와, 입시 감독 부처인 교육부에서 외관적 지침이 있기 때문이다.

1. 제시문의 파악을 빠른 시간에 해내는 연습이 필요

한 개 내지 수 개의 제시문을 주고 이들의 공통된, 혹은 상반된 주제 의식을 파악하여 제시문과 연관된 지침으로 논술을 작성하는 연습이 필요하다. 이때 유의할 점은 제시문의 요구 사항과 전혀 반대의 길로 가게 되면 큰 낭패를 보게 된다. 복선이 깔려 있는 문제들이 간혹 출제되니 제시문을 정확히, 그리고 빨리 이해하는 과정이 필요하다.

2.사회적 이슈가 되는 시사에 관심

매년 그 해에 일어나는, 아니면 최근 2~3년 내에 일어나서 그 영향이 현재에도 미치고 있는 시사물에 대해 관심을 갖는다. 이런 관심이라면 바로 이런 시사성의 내용을 파악하고 별도로 스크랩해 두고 원인, 경과, 영향 등을 따로 메모해 두는 작업이다. 이는 수험생 곁의 학부모가 보조 작업 내지 공동 작업을 해주면 시간상의 이익을 꾀할 수 있다.

3. 매년 기출문제에 대해 전체적으로 훑어보라

어느 대학이든 출제위원이라면 최근 몇 년간 우리 대학에서 어떤 문제를 만들었나 하며 사전 검토 과정이 있는 법이다. 관성의 법칙처럼 자연히 기출문제와 유사하게 형태나 내용을 따를 수밖에 없는데 각 대학별로 기출 논술문제의 내용과 형태는 이렇다.

고려대

공통 주제를 찾아내 제시문간의 연관관계를 파악하여 자신의 생각을 논술하는 방식이다. 특히 현대고전이 자주 등장하고 사회 철학적 관점을 중시한다(1200자 내외/90분).

서울대

학문과 인식의 본질을 주제로 하여 사회적 비판보다는 고전적 쟁점의 사례와 해결 방향을 요구한다. 제시문에 한자가 혼용되기도 한다(2500자 내외/180분).

연세대

철학, 예술분야, 과학적 사고 등 다양한 논제를 제시한다. 경우에 따라서는 그림이나 도표 등 텍스트를 제시한다. 서술 형태가 딱딱한 논설보다 자신의 견해를 특히 중시한다(1800 자 내외/150 분).

이화여대

인간에 대한 근원적 통찰이나 철학적 사고(1500자 내외/150분).

한양대

인문계와 자연계의 출제 형태가 판이하게 다르다.

인문계는 시사성 있는 문제를 다수 출제한다. 이에 대한 자신의 견해를 구체적 수치나 자료를 활용하여 논술하는 방식(1600자/150분)으로, 자연계는 수학, 과학의 해석 기법을 동원하여 실용 생활에 응용하는 문제가 빈출 한다.

경우에 따라서는 정확한 답이 나오도록 우회적으로 요구하고 있는데 , 대학 감독기관에서 구체적인 답을 요구하는 형태는 본고사 개념으로 불인정하고 있어 향후 수정이 불가피할 것으로 전망된다. (4~7문항, 120분)

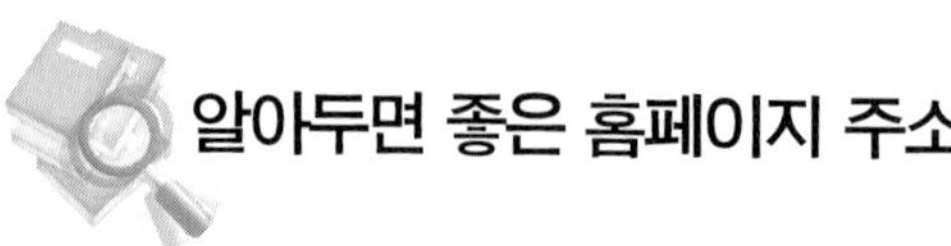

알아두면 좋은 홈페이지 주소

　현행 대학입시제도는 각 대학별로, 각 학과별로, 모집 시기별로, 모집방법별로 천차만별이고 입시 전문가도 다 기억하고 있지 못하다. 학생들이나 학부모는 자신의 위치나 능력을 감안하여 노크하려는 대학의 지름길을 나름대로 파악해 두어야 한다. 특히 각 대학의 입시 정보를 한 눈에 파악할 수 있는 곳이 '대학교육협의회'이며, 그 이외에 각종 모의고사 기관이나 유명 교과서, 입시 당국 등에 대한 홈페이지 주소를 수시로 드나들면 좋은 정보를 정확히 파악할 수 있다.

교과서 편찬 주요출판사

금성출판사	http://www.kumsung.co.kr
교학사	http://www.kyohak.co.kr
지학사	http://www.jihak.co.kr
천재교육	http://www.chunjae.co.kr
디딤돌	http://www.didimdol.co.kr
블랙박스	http://blackbox.jinhak.com
케이스	http://www.case.co.kr
두산동아	http://www.dong-a.com
형설출판사	http://www.hyungseul.co.kr
민중서림	http://www.minjungdic.co.kr
박영사	http://www.pakyoungsa.co.kr
고려출판	http://www.coryopub.co.kr
교문사	http://www.kyomunsa.co.kr
대한교과서	http://www.daehane.com
삼양미디어	http://www.samyangm.com
이젠미디어	http://www.ezenmedia.co.kr
능률교육	http://www.neungyule.com/

대학진학정보센터

한국대학교육협의회 http://www.kcue.or.kr

전국규모 모의고사 주관 사설기관

대성학원   http://www.dshw.co.kr
종로학원   http://www.jongro.co.kr
정일학원   http://www.iungil.co.kr
고려학원   http://www.eduaplus.com
중앙교육진흥연구소   http://www.eduaplus.com

입시당국

교육부   http://www.moe.go.kr
서울시 교육위원회   http://www.smbe.seoul.kr
한국교육과정평가원   http://www.kice.re.kr

# 고 1 이전에 읽어두어야 할 문학 작품

고 3 입시 대목이 오면 한가하게 문학 서적을 읽을 시간적, 정신적 여유가 없다. 더욱이 그렇게 많은 서적을 읽어 내려간다고 해서 득점에 바로 연결되지 않기 때문에 고 3 올라 와서 문학 서적을 탐독하기보다는 고 1때나 아니면 중학 후반부에 읽어 두기를 권유하고 싶다.

아래의 서적은 한국 단편(중편) 문학의 고전이라 할 정도로 일반적으로 다 훑고 지나가는 작품들인 만큼 시간의 여유를 갖고 읽은 다음에 작가, 주제, 배경, 사상적 교훈, 주인공 이름 등을 참고서를 통해 파악하여 요점정리 해 두면 나중에 참으로 유용하게 쓸 수 있다.

1)『혈의누』이인직
2)『김 강사와 T 교수』유진오
3)『자유종』이해조
4)『한귀』박화성
5)『금수회의록』안국선
6)『잉여인간』손창섭
7)『무정』이광수
8)『메밀꽃 필 무렵』이효석
9)『흙』이광수
10)『소나기』황순원
11)『약한 자의 슬픔』김동인
12)『금 따는 콩밭』김유정
13)『배따라기』김동인
14)『봄봄』김유정
15)『감자』김동인
16)『동백 꽃』김유정
17)『광화사 』김동인

18)『날개』이상
19)『광염 소나타』김동인
20)『제 1과 제 1장』이무영
21)『붉은 산』김동인
22)『흙의 노예』이무영
23)『표본실의 청개구리』염상섭
24)『사하촌』김정한
25)『만세전』염상섭
26)『수라도』김정한
27)『삼대』염상섭
28)『모래톱 이야기』김정한
29)『두 파산』염상섭
30)『모범 경작생』박영준
31)『화수분』전영택
32)『무녀도』김동리
33)『빈처』현진건
34)『역마』김동리

35) 『운수 좋은 날』 현진건
36) 『등신불』 김동리
37) 『B 사감과 러브레터』 현진건
38) 『바위』 김동리
39) 『고향』 이기영
40) 『별』 황순원
41) 『카인의 후예』 황순원
42) 『물레방아』 나도향
43) 『학』 황순원
44) 『벙어리삼룡이』 나도향
45) 『나무들 비탈에 서다』 황순원
46) 『귀환 장정』 김동리
47) 『독짓는 늙은이』 황순원
48) 『박돌의 죽음』 최학송
49) 『목넘이 마을의 개』 황순원
50) 『탈출기』 최학송
51) 『이리도』 황순원
52) 『낙동강』 조명희
53) 『젊은 느티나무』 강신재
54) 『상록수』 심훈
55) 『갯마을』 오영수
56) 『레디메이드 인생』 채만식
57) 『바비도』 김성한
58) 『태평천하』 채만식
59) 『유예』 오상원
60) 『탁류』 채만식
61) 『꺼삐딴 리』 전광용
62) 『치숙』 채만식
63) 『사수』 전광용
64) 『논 이야기』 채만식
65) 『오발탄』 이범선
66) 『백치 아다다』 계용묵
67) 『수난 이대』 하근찬
68) 『인력거꾼』 주요섭
69) 『광장』 최인훈
70) 『사랑방 손님과 어머니』 주요섭
71) 『서울, 1964년 겨울』 김승옥

가림출판사 · 가림M&B · 가림Let's에서 나온 책들

문 학

바늘구멍
켄 폴리트 지음 / 홍영의 옮김 / 신국판 / 342쪽 / 5,300원

레베카의 열쇠
켄 폴리트 지음 / 손연숙 옮김 / 신국판 / 492쪽 / 6,800원

암병선
니시무라 쥬코 지음 / 홍영의 옮김 / 신국판 / 300쪽 / 4,800원

첫키스한 얘기 말해도 될까
김정미 외 7명 지음 / 신국판 / 228쪽 / 4,000원

사미인곡 上 · 中 · 下
김충호 지음 / 신국판 / 각 권 5,000원

이내의 끝자리
박수완 스님 지음 / 국판변형 / 132쪽 / 3,000원

너는 왜 나에게 다가서야 했는지
김충호 지음 / 국판변형 / 124쪽 / 3,000원

세계의 명언
편집부 엮음 / 신국판 / 322쪽 / 5,000원

여자가 알아야 할 101가지 지혜
제인 아서 엮음 / 지창국 옮김 / 4×6판 / 132쪽 / 5,000원

현명한 사람이 읽는 지혜로운 이야기
이정민 엮음 / 신국판 / 236쪽 / 6,500원

성공적인 표정이 당신을 바꾼다
마츠오 도오루 지음 / 홍영의 옮김 / 신국판 / 240쪽 / 7,500원

태양의 법
오오카와 류우호오 지음 / 민병수 옮김 / 신국판 / 246쪽 / 8,500원

영원의 법
오오카와 류우호오 지음 / 민병수 옮김 / 신국판 / 240쪽 / 8,000원

석가의 본심
오오카와 류우호오 지음 / 민병수 옮김 / 신국판 / 246쪽 / 10,000원

옛 사람들의 재치와 웃음
강형중 · 김경익 편저 / 신국판 / 316쪽 / 8,000원

지혜의 쉼터
쇼펜하우어 지음 / 김충호 엮음 / 4×6판 양장본 / 160쪽 / 4,300원

헤세가 너에게
헤르만 헤세 지음 / 홍영의 엮음 / 4×6판 양장본 / 144쪽 / 4,500원

사랑보다 소중한 삶의 의미
크리슈나무르티 지음 / 최유영 엮음 / 신국판 / 180쪽 / 4,000원

장자-어찌하여 알 속에 털이 있다 하는가
홍영의 엮음 / 4×6판 / 180쪽 / 4,000원

논어-배우고 때로 익히면 즐겁지 아니한가
신도희 엮음 / 4×6판 / 180쪽 / 4,000원

맹자-가까이 있는데 어찌 먼 데서 구하려 하는가
홍영의 엮음 / 4×6판 / 180쪽 / 4,000원

아름다운 세상을 만드는 사랑의 메시지 365
DuMont monte Verlag 엮음 / 정성호 옮김
4×6판 변형 양장본 / 240쪽 / 8,000원

황금의 법
오오카와 류우호오 지음 / 민병수 옮김 / 신국판 / 320쪽 / 12,000원

왜 여자는 바람을 피우는가?
기젤라 룬테 지음 / 김현성 · 진정미 옮김 / 국판 / 200쪽 / 7,000원

세상에서 가장 아름다운 선물
김인자 지음 / 국판변형 / 292쪽 / 9,000원

수능에 꼭 나오는 한국 단편 33
윤종필 엮음 / 신국판 / 704쪽 / 11,000원

수능에 꼭 나오는 한국 현대 단편 소설
윤종필 엮음 및 해설 / 신국판 / 364쪽 / 11,000원

수능에 꼭 나오는 세계단편(영미권)
지창영 옮김 / 윤종필 엮음 및 해설 / 신국판 / 328쪽 / 10,000원

수능에 꼭 나오는 세계단편(유럽권)
지창영 옮김 / 윤종필 엮음 및 해설 / 신국판 / 360쪽 / 11,000원

건 강

아름다운 피부미용법 이순희(한독피부미용학원 원장) 지음
피부조직에 대한 기초 이론과 우리 몸의 생리를 알려줌으로써 아름다운 피부, 젊은 피부를 오래 유지할 수 있는 비결 제시!
신국판 / 296쪽 / 6,000원

버섯건강요법 김병각 외 6명 지음
종양 억제율 100%에 가까운 96.7%를 나타내는 기적의 약용버섯 등 신비의 버섯을 통하여 암을 치료하고 비만, 당뇨, 고혈압, 동맥경화 등 각종 성인병 예방을 위한 생활 건강 지침서!
신국판 / 286쪽 / 8,000원

성인병과 암을 정복하는 유기게르마늄
이상현 편저 · 캬오 샤오이 감수
최근 들어 각광을 받고 있는 새로운 치료제인 유기게르마늄을 통한 성인병, 각종 암의 치료에 대해 상세히 소개. 신국판 / 312쪽 / 9,000원

난치성 피부병 생약효소연구원 지음
현대의학으로도 치유불가능했던 난치성 피부병인 건선 · 아토피(태열)의 완치요법이 수록된 건강 지침서. 신국판 / 232쪽 / 7,500원

新 방약합편 정도명 편역
자신의 병을 알고 증세에 맞춰 스스로 처방을 할 수 있고 조제할 수 있는 보약 506가지 수록. 신국판 / 416쪽 / 15,000원

자연치료의학 오홍근(신경정신과 의학박사 · 자연의학박사) 지음
대한민국 최초의 자연의학박사가 밝힌 신비의 자연치료의학으로 자연산물을 이용하여 부작용 없이 치료하는 건강 생활 비법 공개!!
신국판 / 472쪽 / 15,000원

약초의 활용과 가정한방 이인성 지음
주변의 흔한 식물과 약초를 활용하여 각종 질병을 간편하게 예방 · 치료할 수 있는 비법제시. 신국판 / 384쪽 / 8,500원

역전의학 이시하라 유미 지음 / 유태종 감수
일반상식으로 알고 있는 건강상식에 대해 전혀 새로운 관점에서 비판하고 아울러 새로운 방법들을 제시한 건강 혁명 서적!!
신국판 / 286쪽 / 8,500원

이순희식 순수피부미용법 이순희(한독피부미용학원 원장) 지음
자신의 피부에 맞는 관리법으로 스스로 피부관리를 할 수 있는 방법을 제시하고 책 속 부록으로 천연팩 재료 사전과 피부 타입별 팩 고르기. 신국판 / 304쪽 / 7,000원

21세기 당뇨병 예방과 치료법 이현철(연세대 의대 내과 교수) 지음
세계 최초 유전자 치료법을 개발한 저자가 당뇨병과 대항하여 가장 확실하게 이길 수 있는 당뇨병에 대한 올바른 이론과 발병시 대처 방법을 상세히 수록! 신국판 / 360쪽 / 9,500원

신재용의 민의학 동의보감 신재용(해성한의원 원장) 지음
주변의 흔한 먹거리를 이용해 신비의 명약이나 보약으로 활용할 수 있는 건강 지침서로서 저자가 TV나 라디오에서 다 밝히지 못한 한방 및 민간요법까지 상세히 수록!! 신국판 / 476쪽 / 10,000원

치매 알면 치매 이긴다 배오성(백상한방병원 원장) 지음
B.O.S.요법으로 뇌세포의 기능을 활성화시키고 엔돌핀의 분비효과를 극대화시켜 증상에 맞는 한약 처방을 병행하여 치매를 치유하는 획기적인 치유법 제시. 신국판 / 312쪽 / 10,000원

21세기 건강혁명 밥상 위의 보약 생식 최경순 지음
항암식품으로, 다이어트식으로, 젊고 탄력적인 피부를 유지할 수 있게 해주는 자연식으로의 생식을 소개하여 현대인들의 건강 길라잡이가 되도록 하였다. 신국판 / 348쪽 / 9,800원

기치유와 기공수련 윤한홍(기치유 연구회 회장) 지음
누구나 노력만 하면 개발할 수 있고 활용할 수 있는 기 수련 방법과

기치유 개발 방법 소개. 신국판 / 340쪽 / 12,000원

만병의 근원 스트레스 원인과 퇴치 김지혁(김지혁한의원 원장) 지음
만병의 근원인 스트레스를 속속들이 파헤치고 예방법까지 속시원
하게 제시!! 신국판 / 324쪽 / 9,500원

김종성 박사의 뇌졸중 119 김종성 지음
우리나라 사망원인 1위. 뇌졸중 분야의 최고 권위자인 저자가 일상
생활에서의 건강관리부터 환자간호에 이르기까지 뇌졸중의 예방,
치료법 등 모든 것 수록. 신국판 / 356쪽 / 12,000원

탈모 예방과 모발 클리닉 장정훈 · 전재홍 지음
미용적인 측면과 우리가 일상적으로 고민하고 궁금해 하는 털에 관
한 내용들을 다양하고 재미있게 예들을 들어가면서 흥미롭게 풀어
간 것이 이 책의 특징. 신국판 / 252쪽 / 8,000원

구태규의 100% 성공 다이어트 구태규 지음
하이틴 영화배우의 다이어트 체험서. 저자만의 다이어트법을 제시
하면서 바람직한 다이어트에 대해서도 알려준다. 건강하게 날씬해
지고 싶은 사람들을 위한 필독서! 4×6배판 변형 / 240쪽 / 9,900원

암 예방과 치료법 이춘기 지음
암환자와 가족들을 위해서 암의 치료방법에서부터 합병증의 예방
및 암이 생기기 전에 알 수 있는 방법에 이르기까지 상세하게 해설
해 놓은 책. 신국판 / 296쪽 / 11,000원

알기 쉬운 위장병 예방과 치료법 민영일 지음
소화기관인 위와 관련 기관들의 여러 질환을 발병 원인, 증상, 치료법
을 중심으로 알기 쉽게 해설해 놓은 건강서. 신국판 / 328쪽 / 9,900원

이온 체내혁명 노보루 야마노이 지음 / 김병관 옮김
새로운 건강관리 이론으로 주목을 받고 있는 음이온을 통해 건강을
돌볼 수 있는 방법 제시. 신국판 / 272쪽 / 9,500원

어혈과 사혈요법 정지천 지음
침과 부항요법 등을 사용하여 모든 질병을 다스릴 수 방법과 우리
주변에서 흔하게 접할 수 있는 각 질병의 상황별 처치를 혈자리 그
림과 함께 해설. 신국판 / 308쪽 / 12,000원

약손 경락마사지로 건강미인 만들기 고정환 지음
경락과 민족 고유의 정신 약손을 결합시킨 약손 성형경락 마사지로
수술하지 않고도 자신이 원하는 부위를 고치는 방법을 제시하는 건
강 미용서. 4×6배판 변형 / 284쪽 / 15,000원

정유정의 LOVE DIET 정유정 지음
널리 알려진 온갖 다이어트 방법으로 살을 빼려고 노력했던 저자의
고통스러웠던 다이어트 체험담이 실려 있어 지금 살 때문에 고민하
는 사람들이 가슴에 와 닿는 나만의 다이어트 계획을 나름대로 세
울 수 있을 것이다. 4×6배판 변형 / 196쪽 / 10,500원

머리에서 발끝까지 예뻐지는 부분다이어트 신상만 · 김선민 지음
한약을 먹거나 침을 맞아 살을 빼는 방법, 아로마요법을 이용한 다이
어트법, 운동을 이용한 부분비만 해소법 등이 실려 있으므로 나에게
맞는 방법을 선택해 날씬하고 예쁜 몸매를 만들 수 있을 것이다.
4×6배판 변형 / 196쪽 / 11,000원

알기 쉬운 심장병 119 박승정 지음
심장병에 관해 심장질환이 생기는 원인, 증상, 치료법을 중심으로
내용을 상세하게 해설해 놓은 건강서. 신국판 / 248쪽 / 9,000원

알기 쉬운 고혈압 119 이정균 지음
생활 속의 고혈압에 관해 일반인들이 관심을 가지고 예방할 수 있
도록 고혈압의 원인, 증상, 합병증 등을 상세하게 해설해 놓은 건
강서. 신국판 / 304쪽 / 10,000원

여성을 위한 부인과질환의 예방과 치료 차선희 지음
남들에게는 말할 수 없는 증상들로 고민하고 있는 여성들을 위해
부인암, 골다공증, 빈혈 등 부인과질환을 원인 및 치료방법을 중심
으로 설명한 여성건강 정보서. 신국판 / 304쪽 / 10,000원

알기 쉬운 아토피 119 이승규 · 임승엽 · 김문호 · 안유일 지음
감기처럼 흔하지만 암만큼 무서운 아토피 피부염의 원인에서부터
증상, 치료방법, 임상사례, 민간요법을 적용한 환자들의 경험담 등
수록. 신국판 / 232쪽 / 9,500원

120세에 도전한다 이권행 지음
아프지 않고 건강하게 오래 살기를 바라는 현대인들에게 우리 체질
에 맞는 식생활습관, 심신 활동, 생활습관, 체질별 · 나이별 양생법
을 소개. 장수하고픈 독자들의 궁금증을 풀어줄 것이다.
신국판 / 308쪽 / 11,000원

건강과 아름다움을 만드는 요가 정판식 지음
책을 보고서 집에서 혼자서도 할 수 있는 요가법 수록. 각종 질병에
따른 요가 수정체조법도 담았으며, 별책 부록으로 한눈에 보는 요
가 차트 수록. 4×6배판 변형 / 224쪽 / 14,000원

우리 아이 건강하고 아름다운 롱다리 만들기 김성훈 지음
키 작은 우리 아이를 롱다리로 만드는 비법공개. 식사습관과 생활
습관만의 변화로도 키를 크게 할 수 있으므로 키 작은 자녀를 둔 부
모의 고민을 해결해 준다. 대국전판 / 236쪽 / 10,500원

알기 쉬운 허리디스크 예방과 치료 이종서 지음
전문가들의 의견, 허리병의 치료에서 가장 중요한 운동치료, 허리
디스크와 요통에 관해 언론에서 잘못 소개한 기사나 과장 보도한
기사, 대상이 광범위함으로써 생기고 있는 사이비 의술 및 상업적
인 의술을 시행하는 상업적인 병원 등을 소개함으로써 허리병을 앓
고 있는 사람들에게 정확하고 올바른 지식을 전달하고자 하는 길라
잡이서. 대국전판 / 336쪽 / 12,000원

소아과전문의에게 듣는 알기 쉬운 소아과 119 신영규 · 이강우 · 최성항 지음
새내기 엄마, 아빠를 위해 올바른 육아법을 제시하고 각종 질병에
대한 치료법 및 예방법, 응급처치법을 소개.
4×6배판 변형 / 280쪽 / 14,000원

피가 맑아야 건강하게 오래 살 수 있다 김영찬 지음
현대인이 앓고 있는 고혈압, 당뇨병, 심장병 등은 피가 끈적거리고
혈관이 너덜거려서 생기는 질병이다. 이러한 성인병을 치료하려면
식이요법, 생활습관 개선 등을 통해 피를 맑게 해야 한다. 이 책에
서는 피를 맑게 하기 위해 필요한 처방, 생활습관 개선법을 한의학
적 관점에서 상세하게 설명하고 있다. 신국판 / 256쪽 / 10,000원

웰빙형 피부 미인을 만드는 나만의 셀프 피부건강 양해원 지음
모든 사람들이 관심 있어 하는 피부 관리를 집에서 할 수 있게 해주
는 실용서. 집에서 간단하게 만들 수 있는 화장수, 팩 등을 소개하
여 손 안의 미용서 역할을 하고 있다. 대국전판 / 144쪽 / 10,000원

내 몸을 살리는 생활 속의 웰빙 항암 식품 이승남 지음
'암=사형 선고'라는 고정 관념을 깨자는 전제 아래 우리 밥상에서 흔
히 볼 수 있는 먹거리로 암을 예방하며 치료하는 방법 소개. 암환자와
그 가족들에게 희망을 안겨 줄 것이다. 대국전판 / 248쪽 / 9,800원

마음한글, 느낌한글 박완식 지음
훈민정음의 창제원리를 이용한 한글명상, 한글요가, 한글체조로 지
금까지의 요가나 명상과는 차원이 다른 더욱 더 효과적인 수련으로
이제 당신 앞에 새로운 세계가 펼쳐진다. 4×6배판 / 300쪽 / 15,000원

웰빙 동의보감식 발마사지 10분 최미희 지음 / 신재용 감수
발이 병나면 몸에도 병이 생긴다. 우리 몸 중에서 가장 천대받으면
서도 가장 많은 일을 하는 발을 새롭게 인식하는 추세에 맞추어 발
을 가꾸어 건강을 지키는 방법 제시. 각 질병별 발마사지 방법, 부
위를 구체적으로 설명하고 있다. 텔레비전을 보면서 하는 15분의
발마사지가 피로를 풀어주고 건강을 지켜줄 것이다.
4×6배판 변형 / 204쪽 / 13,000원

아름다운 몸, 건강한 몸을 위한 목욕 건강 30분 임하성 지음
우리가 흔히 대수롭지 않게 여기고 하는 습관 중에 하나가 목욕일
것이다. 그러나 이제 목욕도 건강과 관련시켜 올바른 방법으로 해
야 한다. 웰빙 시대, 웰빙 라이프에 맞는 올바른 목욕법을 피부 관
리 및 우리들의 생활 패턴에 맞추어 제시해 본다.
대국전판 / 176쪽 / 9,500원

내가 만드는 한방생주스 60 김영섭 지음
일반적인 과일 · 야채 주스에 21가지 한약재로 기본 음료를 만들어
맛과 영양을 고루 갖춘 최초의 웰빙 한방 건강음료 만드는 법 60가
지 수록!! 각 음료마다 만드는 법과 효능을 실어 우리 가족 건강을
지키는 건강지침서의 역할을 한다. 국판 / 112쪽 / 7,000원

몸을 살리는 건강식품 백은희 · 조창호 · 최양진 지음
스트레스에 시달리는 현대인들에게 자연 영양소를 공급해 주는 건
강기능식품에 관한 상세한 정보를 담고 있다. 나에게 필요한 영양
소는 어떤 것이 있으며, 어떻게 섭취했을 때 가장 큰 효과를 얻을
수 있는지 등을 조목조목 설명해 놓은 것이 눈에 띈다.
신국판 / 384쪽 / 11,000원

건강도 키우고 성적도 올리는 자녀 건강 김진돈 지음
자녀를 둔 부모라면 가장 먼저 생각하는 것이 자녀의 건강일 것이
다. 특히 수험생을 둔 부모라면 그 관심은 말로 단정지을 수 없다.
수험생 자신이나 부모가 알아야 한 평소 건강 관리법, 제일 이겨내
기 힘든 계절인 여름철 건강 관리법, 조심해야 할 질병들에 대해 예
방법, 치료법을 상세하게 소개하고 있다. 신국판 / 304쪽 / 12,000원

알기 쉬운 간질환 119 이관식 지음
간염이 있는 사람이 술잔을 돌릴 경우 간염이 전염될까? 우리는 간이 소중한 존재임을 알면서도 혹사시키는 일이 많다. 간염 전염 및 간경화, 간암 등에 대한 잘못된 지식을 제대로 잡아주고 간과 관련된 병을 예방하는 법, 병에 걸렸을 때 치료하고 관리하는 법 등을 상세히 수록하여 간을 건강하게 지킬 수 있도록 해준다.
신국판 / 264쪽 / 11,000원

밥으로 병을 고친다 허봉수 지음
우리가 하루 세 끼 식사에서 대하는 밥상이 우리의 건강을 지켜주는 최고의 건강지킴이다. 이 간단 명료한 진리를 알면서도 우리는 다른 방법으로 건강을 지키려고 한다. 건강을 지키는 일은 어렵고 특별한 일이 아니라 보통의 밥상에서 지킬 수 있는 일임을 강조하고 거기에 맞는 실제 사례를 제시하여 비슷한 사례에서 응용할 수 있게 내용을 구성하고 있다. 대국전판 / 352쪽 / 13,500원

알기 쉬운 신장병 119 김형규 지음
신장병은 특별한 증상이 없어 조기진단이 힘들다고 한다. 그러나 진단과 치료의 혜택으로 완치를 할 수 있는 병이라고도 한다. 일상 생활 속에서 신장병을 파악할 수 있는 자가진단법, 신장병을 검사하고 치료하는 방법, 신장병과 관련 있는 질병들을 일반인들이 이해하기 수준에서 설명하고 있다. 또한 신장병과 관련 있는 생활 속의 정보를 부록으로 수록하여 내용의 깊이를 더해 주고 있다.
신국판 / 240쪽 / 10,000원

마음의 감기 치료법 우울증 119 이민수 지음
우울증에는 예외의 대상이 없다. 현대인이라면 누구나 우울증에 걸릴 수 있다는 전제 아래 일반인들이 쉽게 이해할 수 있는 우울증을 담고 있다. 남에게, 가족에게 숨겨야 하는 몹쓸 병이 아니라 바르고 정확하게 알아야 건강한 삶을 누릴 수 있는 병임을 알리면서 우울증을 치료하는 법, 환자 본인과 가족 및 주위에서 가져야 할 자세 등을 알려준다. 대국전판 / 232쪽 / 9,800원

관절염 119 송영욱 지음
"비가 오려나? 왜 이리 무릎이 쑤시나." 이렇게 표현되는 관절염에는 일반인들이 잘 알지 못하는 다른 종류의 관절염도 있다. 이러한 관절염을 일반인들의 입장에서 쉽게 이해하고 예방하고 치료할 수 있는 방법을 소개하고 있다. 생활 속에서의 습관을 고치고 운동을 통해서 허리나 다리가 아픈 통증에서 벗어날 수 있다.
대국전판 / 224쪽 / 9,800원

내 딸을 위한 미성년 클리닉 강병문 · 이향아 · 최정원 지음
서울 아산병원 미성년 클리닉팀의 새로운 제안!! 청소년기의 건강 상태는 평생을 좌우한다. 이 시기를 어떻게 보내느냐에 따라 60년 인생이 완전히 달라질 수 있다. 특히 여자라면 꼭 알아야할 건강 이야기로 자라나는 우리 딸들이 자신의 몸을 소중히 하는데 도움이 될 것이다. 국판 / 148쪽 / 8,000원

암을 다스리는 기적의 치유법
케이 세이헤이 감수 / 카와키 나리카즈 지음 / 민병수 옮김
저분자 수용성 키토산의 파워!! 항암제나 방사선 치료의 부작용을 경감시키고 그 효과를 오래 지속시켜주는 효과를 비롯한 키토산의 6대 항암 효과를 통하여 암에 탁월한 효과가 있는 수용성 키토산의 전신 면역 요법에 대하여 알 수 있을 것이다. 더불어 자연치유력에 대한 강한 믿음을 갖게 된다. 신국판 / 256쪽 / 9,000원

스트레스 다스리기
대한불안장애학회 스트레스관리연구특별위원회 지음
스트레스 분야의 21명의 전문가가 쓴 스트레스 해소법. 암보다 무서운 병, 스트레스를 줄이면 10년은 젊게 살 수 있다.
신국판 / 304쪽 / 12,000원

천연 식초 건강법 건강식품연구회 엮음 / 신재용(해성한의원 원장) 감수
가장 쉽게 구할 수 있고 경제적인 식품이면서 상상할 수 없을 정도로 뛰어난 약효를 지닌 식초의 모든 것을 담은 건강지침서!
신국판 / 252쪽 / 9,000원

암에 대한 모든 것 서울아산병원 암센터 지음
이 책은 우리나라에서 특히 발병률이 높은 7가지 암에 대해 철저히 분석한 책이다. 해당 암의 원인부터 발병률, 원인 및 진단법, 치료법, 예방법 및 관리법, 해당 암에 대해 잘못 알려진 상식 등 암에 대한 보다 실질적이고 구체적인 정보를 담았다. 암에 대한 정보를 필요로 이들이 보다 효율적으로 이용할 수 있는 책이다. 신국판 / 360쪽 / 13,000원

알록달록 컬러 다이어트 이승남 지음
이 시대의 트렌드인 웰빙 열풍 가운데 컬러 푸드가 커다란 아이템으로 자리 잡고 있다. 이 책에서는 다이어트 시에 생기는 스트레스와, 스트레스로 인한 활성산소, 다이어트로 인한 영양불균형 등을 컬러 푸드를 이용하여 우리 몸을 젊고 건강하고 아름답게 가꾸는 방법을 상세히 제시하여 주고 있다. 또한 비만이 아닌 체형교정을 원하는 분들에게는 올바른 운동법과 마사지요법을 통하여 문제를 해결할 수 있도록 길을 열어준다. 국판 / 248쪽 / 10,000원

당신도 부모가 될 수 있다 정병준 지음
우리나라의 결혼한 부부 중 7쌍 중에 1쌍이 불임으로 고통 받고 있다고 한다. 불임극복이 쉬운 일은 아니지만 그렇다고 불가능한 것은 분명 아니다. 이 책은 서울여성병원의 불임센터 소장으로 있는 정병준 박사의 불임 원인에 대한 다양한 연구, 치료의 과정들을 사례와 Q&A를 기본으로 하여 자세하게 다루고 있다. 특히 직접 시험관아기 시술이나 인공수정 등 구체적인 불임치료를 통해 임신에 성공한 사람들의 수기도 포함하고 있어 그 감동을 더해주고 있다.
신국판 / 268쪽 / 9,500원

교 육

우리 교육의 창조적 백색혁명
원상기 지음 / 신국판 / 206쪽 / 6,000원

현대생활과 체육
조창남 외 5명 공저 / 신국판 / 340쪽 / 10,000원

퍼펙트 MBA IAE유학네트 지음 / 신국판 / 400쪽 / 12,000원

유학길라잡이 Ⅰ-미국편
IAE유학네트 지음 / 4×6배판 / 372쪽 / 13,900원

유학길라잡이 Ⅱ- 4개국편
IAE유학네트 지음 / 4×6배판 / 348쪽 / 13,900원

조기유학길라잡이.com
IAE유학네트 지음 / 4×6배판 / 428쪽 / 15,000원

현대인의 건강생활
박상호 외 5명 공저 / 4×6배판 / 268쪽 / 15,000원

천재아이로 키우는 두뇌훈련
나카마츠 요시로 지음 / 민병수 옮김 / 국판 / 288쪽 / 9,500원

두뇌혁명
나카마츠 요시로 지음 / 민병수 옮김 / 4×6판 양장본 / 288쪽 / 12,000원

테마별 고사성어로 익히는 한자
김경익 지음 / 4×6배판 변형 / 248쪽 / 9,800원

生생 공부비법 이은승 지음 / 대국전판 / 272쪽 / 9,500원

자녀를 성공시키는 습관만들기
배은경 지음 / 대국전판 / 232쪽 / 9,500원

한자능력검정시험 1급
한자능력검정시험연구위원회 편저 / 4×6배판 / 568쪽 / 21,000원

한자능력검정시험 2급
한자능력검정시험연구위원회 편저 / 4×6배판 / 472쪽 / 18,000원

한자능력검정시험 3급(3급Ⅱ)
한자능력검정시험연구위원회 편저 / 4×6배판 / 440쪽 / 17,000원

한자능력검정시험 4급(4급Ⅱ)
한자능력검정시험연구위원회 편저 / 4×6배판 / 352쪽 / 15,000원

한자능력검정시험 5급
한자능력검정시험연구위원회 편저 / 4×6배판 / 264쪽 / 11,000원

한자능력검정시험 6급
한자능력검정시험연구위원회 편저 / 4×6배판 / 168쪽 / 8,500원

한자능력검정시험 7급
한자능력검정시험연구위원회 편저 / 4×6배판 / 152쪽 / 7,000원

한자능력검정시험 8급
한자능력검정시험연구위원회 편저 / 4×6배판 / 112쪽 / 6,000원

볼링의 이론과 실기 이택상 지음 / 신국판 / 192쪽 / 9,000원

고사성어로 끝내는 천자문 조준상 글/그림
고사성어에 얽힌 일화를 재미있는 만화로 엮어, 만화를 보면서 고사성어도 익힐 수 있는 일석이조의 만화 학습서이다. 특히 국가공

인 한자능력검정시험 4급에 나오는 한자를 수록하고 있어 자격증을 준비하는 데에 도움을 줄 뿐만 아니라 실생활에 응용할 수 있는 생활한자가 수록되어 있어 교양을 넓히는 데에도 많은 도움이 될 것이다. 4×6배판 / 216쪽 / 12,000원

내 아이 스타 만들기 김민성 지음
이 책은 평범한 가정에서 태어난 초등학생 예랑이가 자신의 재능을 발견해가는 과정과 그것을 지켜보는 부모님을 통하여 현대의 많은 부모님들이 자신의 자녀들에게 어떤 교육방식과 마음가짐으로 아이의 뒷바라지를 해줘야 할지 그 방향을 제시해주고 있다.
신국판 / 200쪽 / 9,000원

교육 1번지 강남 엄마들의 수험생 자녀 관리 황송주 지음
해마다 대학입시는 치러지고 있지만 정작 수험생과 학부모들은 이렇다 할 지침서도 없이 혼란 속에서 지내왔다. 국내 최초로 기획된 본격적인 대학입시 가이드북인 이 책에서는 고 2 시절의 방학나기에서부터 특히 전형방법에 따른 대응전략, 학부모의 학습지원 방법, 과목별 만점 작전, 수험생 건강관리 등의 내용을 집중적으로 다루고 있어 입시를 앞둔 수험생과 학부모들에게 유용하며 실질적인 가이드 역할을 해 줄 것이다. 신국판 / 288쪽 / 9,500원

취미 · 실용

김진국과 같이 배우는 와인의 세계 김진국 지음
포도주 역사에서 분류, 원료 포도의 종류와 재배, 양조 · 숙성 · 저장, 시음법, 어울리는 요리와 와인의 유통과 소비, 와인 시장의 현황과 전망, 와인 판매 요령, 와인의 보관과 재고의 회전, '와인 양조비밀의 모든 것' 을 동영상으로 담은 CD까지, 와인의 모든 것이 담긴 종합학습서. 국배판 변형양장본(올 컬러판) / 208쪽 / 30,000원

경제 · 경영

CEO가 될 수 있는 성공법칙 101가지
김승룡 편역 / 신국판 / 320쪽 / 9,500원

정보소프트 김승룡 지음 / 신국판 / 324쪽 / 6,000원

기획대사전 다카하시 겐코 지음 / 홍영의 옮김
기획에 관련된 모든 사항을 실례와 도표를 통하여 초보자에서 프로 기획맨에 이르기까지 효율적으로 활용할 수 있도록 체계적으로 총망라하였다. 신국판 / 552쪽 / 19,500원

맨손창업 · 맞춤창업 BEST 74 양혜숙 지음
창업대행 현장 전문가가 추천하는 유망업종을 7가지 주제별로 나누어 수록한 맞춤창업서로 창업예비자들에게 창업의 길을 밝혀줄 발로 뛰면서 만든 실무 지침서!! 신국판 / 416쪽 / 12,000원

무자본, 무점포 창업! FAX 한 대면 성공한다
다카시로 고시 지음 / 홍영의 옮김 / 신국판 / 226쪽 / 7,500원

성공하는 기업의 인간경영 중소기업 노무 연구회 편저 / 홍영의 옮김
무한경쟁시대에서 각 기업들의 다양한 경영 실태 속에서 인사 · 노무 관리 개선에 있어서 기업의 효율을 높이고 발전을 이룰 수 있는 원칙을 제시. 신국판 / 368쪽 / 11,000원

21세기 IT가 세계를 지배한다 김광희 지음
21세기 화두로 떠오른 IT혁명의 경쟁력에 대해서 전문가의 논리적이고 철저한 해설과 더불어 매장 끝까지 실제 사례를 곁들여 설명.
신국판 / 380쪽 / 12,000원

경제기사로 부자아빠 만들기 김기태 · 신현태 · 박근수 공저
날마다 배달되는 경제기사를 꼼꼼히 챙겨보는 사람만이 현대생활에서 부자가 될 수 있다. 언론인의 현장감각과 학자의 전문성을 접목시킨 것이 이 책의 특성! 누구나 이 책을 읽고 경제원리를 체득, 경제예측을 할 수 있게 준비된 생활경제서적.
신국판 / 388쪽 / 12,000원

포스트 PC의 주역 정보가전과 무선인터넷 김광희 지음
포스트 PC의 주역으로 급부상하고 있는 정보가전과 무선인터넷 그리고 이를 구현하기 위한 관련 테크놀러지를 체계적으로 소개.
신국판 / 356쪽 / 12,000원

성공하는 사람들의 마케팅 바이블 채수명 지음
최근의 이론을 보완하여 내놓은 마케팅 관련 실무서. 마케팅의 정보전략, 핵심요소, 컨설팅실무까지 저자의 노하우와 창의적인 이론이 결합된 마케팅서. 신국판 / 328쪽 / 12,000원

느린 비즈니스로 돌아가라
사카모토 게이이치 지음 / 정성호 옮김
미국식 스피드 경영에 익숙해져 현실의 오류를 간과하고 있는 사람들을 위한 어떻게 팔 것인가보다 무엇을 팔 것인가를 설명하는 마케팅 컨설턴트의 대안 제시서! 신국판 / 276쪽 / 9,000원

적은 돈으로 큰돈 벌 수 있는 부동산 재테크 이원재 지음
700만 원으로 부동산 재테크에 뛰어들어 100배 불린 저자가 부동산 재테크를 계획하고 있는 사람들이 반드시 알아두어야 할 내용을 경험담을 담아 해설해 놓은 경제서. 신국판 / 340쪽 / 12,000원

바이오혁명 이주영 지음
21세기 국가간 경쟁부문으로 새로이 떠오르고 있는 바이오혁명에 관한 기초지식을 언론사에 몸담고 있는 현직 기자가 아주 쉽게 해설해 놓은 바이오 가이드서. 바이오 관련 용어 해설 수록.
신국판 / 328쪽 / 12,000원

성공하는 사람들의 자기혁신 경영기술 채수명 지음
자기 계발을 통한 신지식 자기경영마인드를 갖추어야 한다는 전제 아래 그 방법을 자세하게 알려주는 자기계발 지침서.
신국판 / 344쪽 / 12,000원

CFO 교텐 토요오 · 타하라 오키시 지음 / 민병수 옮김
일반인들에게 생소한 용어인 CFO, 즉 최고 재무책임자의 역할이 지금까지와는 완전히 달라져야 한다. 기업을 이끌어가는 새로운 키 잡이로서의 CFO의 역할, 위상 등을 일본의 기업을 중심으로 하여 알아보고 바람직한 방향을 제시한다. 신국판 / 312쪽 / 12,000원

네트워크시대 네트워크마케팅 임동학 지음
학력, 사회적 지위 등에 관계 없이 자신이 노력한 만큼 돈을 벌 수 있는 네트워크마케팅에 관해 알려주는 안내서.
신국판 / 376쪽 / 12,000원

성공리더의 7가지 조건
다이앤 트레이시 · 윌리엄 모건 지음 / 지창영 옮김
개인과 팀, 조직관계의 개선을 위한 방향제시 및 실천을 위한 안내자 역할을 해주는 책. 현장에서 활용할 수 있는 실용서.
신국판 / 360쪽 / 13,000원

김종결의 성공창업 김종결 지음
'누구나 창업을 할 수는 있지만 아무나 돈을 버는 것은 아니다' 라는 전제 아래 중견 연기자로서, 음식점 사장님으로 성공한 탤런트 김종결의 성공비결을 통해 창업전략과 성공전략을 제시한다.
신국판 / 340쪽 / 12,000원

최적의 타이밍에 내 집 마련하는 기술 이원재 지음
부동산을 통한 재테크의 첫걸음 '내 집 마련' 의 결정판. 체계적이고 한눈에 쏙 들어 오는 '내 집 장만 과정' 을 쉽게 풀어놓은 부동산재테크서. 신국판 / 248쪽 / 10,500원

컨설팅 세일즈 Consulting sales 임동학 지음
발로 뛰는 영업이 아니라 머리로 하는 영업이 절실히 요구되는 시대 상황에 맞추어 고객지향의 세일즈, 과제해결 세일즈, 구매자와 공급자 간에 서로 만족하는 세일즈법 제시. 대국전판 / 336쪽 / 13,000원

연봉 10억 만들기 김농주 지음
연봉으로 말해지는 임금을 재테크 하여 부자가 될 수 있는 방법 제시. 고액의 연봉을 받기 위해서 개인이 갖추어야 할 실무적 능력, 태도, 마음가짐, 재테크 수단 등을 각 주제에 따라 구체적으로 제시함으로써 부자를 꿈꾸는 사람들이 그 희망을 이룰 수 있게 해준다.
국판 / 216쪽 / 10,000원

주5일제 근무에 따른 한국형 주말창업 최효진 지음
우리나라 실정에 맞는 주말창업 아이템의 제시 및 창업시 필요한 정보를 얻을 수 있는 곳, 주의해야 할 점, 실전 인터넷 쇼핑몰 창업, 표준사업계획서 등을 수록하여 지금 당장이라도 내 사업을 할 수 있게 해주는 창업 길라잡이서. 신국판 변형 양장본 / 216쪽 / 10,000원

돈 되는 땅 돈 안되는 땅 김영준 지음
부동산 틈새시장에서 성공하는 투자 노하우를 신행정수도 예정지 및 고속철도 역세권 등 투자 유망지역을 중심으로 완벽하게 수록해 놓은 부동산 재테크서. 신국판 / 320쪽 / 13,000원

돈 버는 회사로 만들 수 있는 109가지
다카하시 도시노리 지음 / 민병수 옮김
회사경영에서 경영자가 꼭 알아야 할 기본 사항 수록. 내용이 항목별로 정리되어 있어 원하는 자료를 바로 찾아 볼 수 있는 것이 최대의 장점. 이 책을 통해서 불필요한 군살을 빼고 강한 근육질을 가진 돈 버는 회사를 만들어 보자.　신국판 / 344쪽 / 13,000원

프로는 디테일에 강하다　김미현 지음
탄탄하게 자리를 잡은 15군데 중소기업의 여성 CEO들이 회사를 운영하면서 겪은 어려움, 기쁨 등을 자서전 형식을 빌어 솔직 담백하게 얘기했다. 예비 창업자들을 위한 조언, 경영 철학, 성공 요인도 담고 있어 창업을 준비하는 사람들에게 도움이 될 것이다.
신국판 / 248쪽 / 9,000원

머니투데이 송복규 기자의 부동산으로 주머니돈 100배 만들기　송복규 지음
재테크 수단으로 새롭게 각광 받고 있는 부동산을 이용한 재산 증식 방법 수록. 부동산 재료별 특성에 따른 맞춤 투자전략을 제시하고 알아두면 편리한 부동산 상식도 알려준다. 현직 전문 기자의 예리한 분석과 최신 정보가 담겨 있는 부동산재테크 가이드서.
신국판 / 328쪽 / 13,000원

성공하는 슈퍼마켓&편의점 창업　나명환 지음
슈퍼마켓이나 편의점을 창업하려고 하는 사람들을 위한 창업 가이드서. 어느 위치에 얼마만한 크기로, 어떤 상품을 갖추고 어떤 마인드로 창업하고 영업해야 대형할인점과의 경쟁에서 살아남을 수 있는지 등을 저자의 실제 경험과 통계, 전문가들의 의견을 바탕으로 상세하게 소개.　4×6배판 변형 / 500쪽 / 28,000원

대한민국 성공 재테크 부동산 펀드와 리츠로 승부하라　김영준 지음
새로운 재테크 수단으로 세간의 관심을 모으고 있는 부동산 펀드와 리츠에 관한 투자 안내서. 리스크 없이 투자에 성공하기 위해서 알아두어야 할 주의사항, 펀드 및 리츠 관련 상품 설명, 실제로 투자되고 있는 물건을 수록하여 책을 통해서 실전 투자감각을 익힐 수 있게 하였다.　신국판 / 256쪽 / 12,000원

마일리지 200% 활용하기　박성희 지음
우리 주변에는 마일리지와 관련 있는 다양한 카드가 있다. 신용카드로부터 시작하여 이동통신사의 멤버십 카드, 캐시백 카드, 각 업소의 스탬프 카드 등 다양한 종류의 카드가 각기 특성을 가지고 우리 생활 속에서 이용되고 있다. 잘 알고 활용하면 개인의 주머니 경제, 가계의 살림에 보탬이 되는 각종 마일리지에 관한 최신 정보를 한 권에 모아 놓았다. 이 책의 내용을 잘 활용하면 새는 돈을 알뜰살뜰 모으는 길이 보일 것이다.　국판 변형 / 200쪽 / 8,000원

1%의 가능성에 도전, 성공 신화를 이룬 여성 CEO　김미현 지음
탄탄하게 자리를 잡은 15군데 중소기업의 여성 CEO들이 회사를 운영하면서 겪은 어려움, 기쁨 등을 자서전 형식을 빌어 솔직 담백하게 얘기했다. 예비 창업자들을 위한 조언, 경영 철학, 성공 요인도 담고 있어 창업을 준비하는 사람들에게 도움이 될 것이다.
신국판 / 248쪽 / 9,500원

3천만 원으로 부동산 재벌 되기　최수길 · 이숙 · 조연희 지음
전세에 머물고 있는 일반 서민들에게 가정의 보금자리인 내 집 마련의 길을 안내하고 여유자금을 가지고 소액으로도 투자할 수 있는 알짜 재테크 정보를 소개하고 있다.　신국판 / 290쪽 / 12,000원

10년을 앞설 수 있는 재테크　노동규 지음
이 책은 돈이 모아지는 기본적인 구조를 설명하여 우리들의 평범한 삶에 영향을 끼치는 머니 시스템에 대해 알려주고 있다. 때문에 이제 막 재테크를 시작하는 2, 30대 직장인을 비롯한 주부들에게 바람직한 재테크 실천전략을 제시하는 책이라 할 수 있다.
신국판 / 260쪽 / 10,000원

세계 최강을 추구하는 도요타 방식
나카야마 키요타카 지음 / 민병수 옮김
'도요타 생산 방식'의 개발자인 오노 타이이치에게서 전수받은 경영철학과 실천방안을 소개하고 있다. 끝없이 낭비를 철저하게 제거하고 고객이 원하는 만큼 생산하여 재고를 최소화하는 JIT(Just-In-Time)의 진정한 의미, 고객의 최대 만족을 확보하기 위하여 납품 공정을 최적화하는 딜리버리 설계 등의 기법을 중점적으로 소개한다.
신국판 / 296쪽 / 12,000원

최고의 설득을 이끌어내는 프레젠테이션　조두환 지음
이 책은 직장인들에게 필수적인 프레젠테이션을 어떻게 준비하고 발표해야 하는가에 대한 자세한 답을 제시하고 있다. 클라이언트와 청중을 사로잡는 프레젠테이션을 위해 가장 중요한 청중 분석과 자료수집에서부터 시청각 기자재 활용, 발표원고 작성, 연습, 질문응

대 요령 등이 천 번 이상의 실전을 치른 저자의 경험을 바탕으로 제시되고 있다. 승진이나 취업, 새로운 프로젝트를 위해 꼭 필요한 프레젠테이션을 이 책 한 권이면 완벽하게 끝낼 수 있다.
신국판 / 296쪽 / 11,000원

최고의 만족을 이끌어내는 창의적 협상　조강희 · 조원희 지음
협상에서 손해나 양보, 경쟁적인 관계로써 승자와 패자가 결정된다고 하면 그것은 잘못된 협상이다. 이 책의 저자들은 오랫동안 변호사로서 협상관련 컨설팅과 법률자문 등의 실무를 담당해 오면서 그 해답을 모색해 왔으며, 협상에 대한 새로운 이해와 원칙이 요청된다는 것을 구체적으로 확인하고 정리해 왔다. 이 책에서는 상대를 배려하는 '창의적 협상'이라는 전략이야말로 협상의 진정한 의미와 원칙, 목적이 실현되는 방식이라는 것을 알려주고 있다.
신국판 / 248쪽 / 10,000원

주　식

개미군단 대박맞이 주식투자
홍성걸(한양증권 투자분석팀 팀장) 지음 / 신국판 / 310쪽 / 9,500원

알고 하자! 돈 되는 주식투자
이길영 외 2명 공저 / 신국판 / 388쪽 / 12,500원

항상 당하기만 하는 개미들의 매도 · 매수타이밍 999% 적중 노하우
강경무 지음 / 신국판 / 336쪽 / 12,000원

부자 만들기 주식성공클리닉
이창회 지음 / 신국판 / 372쪽 / 11,500원

선물 · 옵션 이론과 실전매매
이창회 지음 / 신국판 / 372쪽 / 12,000원

너무나 쉬워 재미있는 주가차트
홍성무 지음 / 4×6배판 / 216쪽 / 15,000원

주식투자 직접 투자로 높은 수익을 올릴 수 있는 비결
저금리 · 고령화 시대를 대비한 개인자산관리의 확실한 방법을 제시한 책이다. 미국뿐만 아니라 일본, 중국, 홍콩, 대만, 브라질 등의 주식 시장의 철저한 분석과 데이터화를 통해 한국 주식 시장에 맞는 가치주를 발굴하고 투자할 수 있는 확실한 성공 전략을 제시한다.
김학균 지음 / 신국판 / 230쪽 / 11,000원

역　학

역리종합 만세력　정도명 편저 / 신국판 / 532쪽 / 10,500원

작명대전　정보국 지음 / 신국판 / 460쪽 / 12,000원

하락이수 해설　이천교 편저 / 신국판 / 620쪽 / 27,000원

현대인의 창조적 관상과 수상　백운산 지음 / 신국판 / 344쪽 / 9,000원

대운용신영부적　정재원 지음 / 신국판 양장본 / 750쪽 / 39,000원

사주비결용법　이세진 지음 / 신국판 / 392쪽 / 12,000원

컴퓨터세대를 위한 新 성명학대전　박용찬 지음 / 신국판 / 388쪽 / 11,000원

길흉화복 꿈풀이 비법　백운산 지음 / 신국판 / 410쪽 / 12,000원

새천년 작명컨설팅　정재원 지음 / 신국판 / 492쪽 / 13,900원

백운산의 신세대 궁합　백운산 지음 / 신국판 / 304쪽 / 9,500원

동자삼 작명학　남시모 지음 / 신국판 / 496쪽 / 15,000원

구성학의 기초　문길여 지음 / 신국판 / 412쪽 / 12,000원

소울음소리　이건우 지음
이 땅위에서 과학적으로 영원히 살 수 있는 비밀은 무엇일까. 이 책은 격암유록의 예언이 어떻게 성취되는가를 과학적으로 확인해 나가는 과정을 출전을 밝히면서 증명해 나가고 있으며, 말운의 시기에 '소울음소리'나는 구원받을 집단, 구원받을 장소에 대한 예언을 풀고 있는 최신 예언해설서이다.　신국판 / 314쪽 / 10,000원

야 한다. 성공하는 사람이 되기 위해서 알아야 할 칭찬 스피치의 기법, 특징 등을 실생활에 적용해 설명해놓은 성공처세 지침서.
신국판 / 268쪽 / 9,500원

사과의 기술 김농주 지음
미안하다는 말에 인색한 한국인들에게 "I'm sorry."가 성공을 위한 처세 기법으로 다가온다. 직장, 가정 등 다양한 환경에서 사과 한마디의 의미, 기능을 알아보고 효율성을 가진 사과가 되기 위해 갖추어야 할 조건을 제시한다. 신국판 변형 양장본 / 200쪽 / 10,000원

취업 경쟁력을 높여라 김농주 지음
각 기업별 특성 및 취업 정보 분석과 예비 취업자의 능력 개발, 자신의 적성에 맞는 직종과 직장 잡는 법을 상세하게 수록.
신국판 / 280쪽 / 12,000원

유비쿼터스시대의 블루오션 전략 최양진 지음
나날이 치열해지는 경쟁 환경 속에서 최후의 웃는 사람이 되기 위해서는 시대의 흐름에 빨리 적응하고, 정보를 신속하게 받아들이며, 남과는 다른 튀는 행동을 해야 한다고 저자는 주장한다. 유비쿼터스시대를 맞아 생존 경쟁에서 살아남는 지혜, 전략을 현실 점검을 바탕으로 세우는 방법 제시. 신국판 / 248쪽 / 10,000원

나만의 블루오션 전략 - 화술편 민영욱 지음
모든 사람과의 관계에는 대화가 있게 마련이다. 특히 직장인이나 비즈니스를 하는 CEO들은 더욱 절실히 느낄 것이다. 이 책에는 일반적으로 나누는 대화의 기법부터 좀더 부드러운 분위기를 위한 유머화술의 기법까지 총망라하여 성공된 리더가 될 수 있는 방법을 제시한다. 신국판 / 254쪽 / 10,000원

희망의 씨앗을 뿌리는 20대를 위하여 우광균 지음
이 책은 예측대로 살아지지 않는 인생에 이제 막 발을 들여놓은 사회 초년생에게 인생의 지침이 되어줄 조언이 담겨 있다. 저자 자신이 경험한 실제 사례들을 통해 우리가 일상에서 쉽게 접하는 모든 일들을 어떻게 받아들이고 또 얻을 수 있는 것은 무엇인지 알려주고 있다.
신국판 / 172쪽 / 8,000원

끌리는 사람이 되기위한 이미지 컨설팅 홍순아 지음
비주얼 시대에는 필요한 순간에 필요한 이미지를 정확하게 표출할 수 있어야 성공적인 인생을 살아갈 수 있다. 그러므로 자신만의 이미지를 만드는 것은 이 시대 가장 큰 경쟁력이다. 이 책은 자연스럽게, 때로는 전략적으로, 자신만의 이미지를 다듬고 만드는 방법을 알기 쉽게 제시하고 있다. 대국전판 / 194쪽 / 10,000원

명 상

명상으로 얻는 깨달음 달라이 라마 지음 / 지창영 옮김
티베트의 정신적 지도자이자 실질적 지도자인 달라이 라마의 수많은 가르침 가운데 현대인에게 필요해지고 있는 인내에 대한 이야기.
국판 / 320쪽 / 9,000원

어 학

2진법 영어 이상도 지음 / 4×6배판 변형 / 328쪽 / 13,000원
한 방으로 끝내는 영어 고제윤 지음 / 신국판 / 316쪽 / 9,800원
한 방으로 끝내는 영단어 김승엽 지음 / 김수경 · 카렌다 감수 /
4×6배판 변형 / 236쪽 / 9,800원
해도해도 안 되던 영어회화 하루에 30분씩 90일이면 끝낸다
Carrot Korea 편집부 지음 / 4×6배판 변형 / 260쪽 / 11,000원
바로 활용할 수 있는 기초생활영어
김수경 지음 / 신국판 / 240쪽 / 10,000원
바로 활용할 수 있는 비즈니스영어
김수경 지음 / 신국판 / 252쪽 / 10,000원
생존영어55 홍일록 지음 / 신국판 / 224쪽 / 8,500원
필수 여행영어회화 한현숙 지음 / 4×6판 변형 / 328쪽 / 7,000원
필수 여행일어회화 윤영자 지음 / 4×6판 변형 / 264쪽 / 6,500원
필수 여행중국어회화 이은진 지음 / 4×6판 변형 / 256쪽 / 7,000원

영어로 배우는 중국어 김승엽 지음 / 신국판 / 216쪽 / 9,000원
필수 여행스페인어회화 유연창 지음 / 4×6판 변형 / 288쪽 / 7,000원
바로 활용할 수 있는 홈스테이 영어
김형주 지음 / 신국판 / 184쪽 / 9,000원

레포츠

수열이의 브라질 축구 탐방 삼바 축구, 그들은 강하다
이수열 지음 / 신국판 / 280쪽 / 8,500원

마라톤, 그 아름다운 도전을 향하여
빌 로저스 · 프리실라 웰치 · 조 헨더슨 공저 /
오인환 감수 / 지창영 옮김 / 4×6배판 / 320쪽 / 15,000원

퍼팅 메커닉 이근택 지음
감각에 의존하는 기존 방식의 퍼팅은 이제 그만!!
저자 특유의 과학적 이론을 신체근육 운동학에 접목시켜 몸의 무리를 최소한으로 덜고 최대한의 정확성과 거리감을 갖게 하는 새로운 퍼팅 메커닉 북. 4×6배판 변형 / 192쪽 / 18,000원

아마골프 가이드 정영호 지음
골프를 처음 시작하는 모든 아마추어 골퍼를 위해 보다 쉽고 빠르게 이해할 수 있도록 내용이 구성된 아마골프 레슨 프로그램서.
4×6배판 변형 / 216쪽 / 12,000원

인라인스케이팅 100%즐기기 임미숙 지음
레저 문화에 새로운 강자로 자리매김하고 있는 인라인 스케이팅을 안전하고 재미있게 즐길 수 있도록 알려주는 인라인 스케이팅 지침서. 각단계별 동작을 한눈에 알아볼 수 있도록 세부 동작별 일러스트 수록. 4×6배판 변형 / 172쪽 / 11,000원

배스낚시 테크닉 이종건 지음
현재 한국배스스쿨에서 강사로 활약하고 있는 아마추어 배스 낚시꾼과 중급 수준의 배스 낚시꾼들이 자신의 실력을 한 단계 업그레이드 시킬 수 있도록 루어의 활용, 응용법 등을 상세하게 해설.
4×6배판 / 440쪽 / 20,000원

나도 디지털 전문가 될 수 있다!!! 이승훈 지음
깜찍한 디자인과 간편하게 휴대할 수 있다는 장점 때문에 새로운 생활필수품으로 자리를 잡아가고 있는 디카 · 디캠을 짧은 시간 안에 쉽게 배울 수 있도록 해놓은 초보자를 위한 디카 · 디캠 길라잡이서. 4×6배판 / 320쪽 / 19,200원

스키 100% 즐기기 김동환 지음
스키 인구의 확산 추세에 따라 스키의 기초 이론 및 기본 동작부터 상급의 기술까지 단계별 동작을 전문가의 동작사진을 곁들여 내용 구성. 4×6배판 변형 / 184쪽 / 12,000원

태권도 총론 하웅의 지음
우리의 국기 태권도에 관한 실용 이론서. 지도자가 알아야 할 사항, 태권도장 운영이론, 응급처치법 및 태권도 경기규칙 등 필수 내용만 수록. 4×6배판 / 288쪽 / 15,000원

건강하고 아름다운 동양란 기르기 난마을 지음
동양란 재배의 첫걸음부터 전시회 출품까지 동양란의 모든 것 수록. 동양란의 구조 · 특징 · 종류 · 감상법, 꽃대 관리 · 꽃 피우기 · 발색 요령 등 건강하고 아름다운 동양란 만들기로 구성.
4×6배판 변형 / 184쪽 / 12,000원

수영 100% 즐기기 김종만 지음
물 적응하기부터 수영용품, 수영과 건강, 응용수영 및 고급 수영기술에 이르기까지 주옥 같은 수중촬영 연속사진으로 자세히 설명해주는 수영기법 Q&A. 4×6배판 변형 / 248쪽 / 13,000원

애완견114 황양원 엮음
애완견 길들이기, 애완견의 먹거리, 멋진 애완견 만들기, 애완견의 질병 예방과 건강, 애완견의 임신과 출산, 애완견에 대한 기타 관리 등 애완견을 기를 때 반드시 알아야 할 내용 수록.
4×6배판 변형 / 228쪽 / 13,000원

건강을 위한 웰빙 걷기 이강옥 지음
건강 운동으로서 많은 사람들의 관심을 모으고 있는 걷기운동을 상세하게 설명. 걷기시 필요한 장비, 올바른 걷기 자세를 설명하고 고혈압 · 당뇨병 · 비만증 · 골다공증 등 성인병과 관련해 걷기운동을

했을 때 얻을 수 있는 효과를 수록하여 성인병을 예방하고 치료할 수 있도록 하였다.   대국전판 / 280쪽 / 10,000원

우리 땅 우리 문화가 살아 숨쉬는 옛터 이형권 지음
우리나라에서 가장 가보고 싶은 역사의 현장 19곳을 선정, 그 터에 어린 조상의 숨결과 역사적 증언을 만날 수 있는 시간 제공. 맛있는 집, 찾아가는 길, 꼭 가봐야 할 유적지 등 핵심 내용 선별 수록.
대국전판 올컬러 / 208쪽 / 9,500원

아름다운 산사 이형권 지음
우리나라의 대표적인 산사를 찾아 계절 따라 산사가 주는 이미지, 산사가 안고 있는 역사적 의미를 되새겨 본다. 동시에 산사를 찾음으로써 생활에 찌든 현대인들이 삶의 활력을 되찾는 시간을 갖게 한다.   대국전판 올컬러 / 208쪽 / 9,500원

골프 100타 깨기 김준모 지음
읽고 따라 하기만 해도 100타를 깰 수 있는 골프의 전략·전술의 비법 공개. 뛰어난 골프 실력은 올바른 그립과 어드레스에서 비롯됨을 강조한 초보자를 위한 실전 골프 지침서..   4×6배판 변형 / 136쪽 / 10,000원

쉽고 즐겁게! 신나게! 배우는 재즈댄스 최재선 지음
몸치인 사람도 쉽게 따라 하고 배우는 재즈댄스 안내서. 이 책에 실려 있는 기본 동작을 익혀 재즈댄스를 하면 생활 속의 긴장과 스트레스를 털어버리고 활력을 되찾을 수 있으며, 다이어트 효과도 얻을 수 있다.   4×6배판 변형 / 200쪽 / 12,000원

맛과 멋이 있는 낭만의 카페 박성찬 지음
가족끼리, 연인끼리 추억을 만들고 행복한 시간을 보낼 수 있는 서울 근교의 카페를 엄선하여 소개. 카페에 대한 인상 및 기본 정보, 인근 볼거리 등도 함께 수록하여 손 안의 인터넷 정보서가 될 수 있게 했다.   대국전판 올컬러 / 168쪽 / 9,900원

한국의 숨어 있는 아름다운 풍경 이종원 지음
우리나라의 숨어 있는 아름다운 풍경을 찾아 소개하는 여행서. 저자의 여행 감상과 먹거리, 볼거리, 사람 사는 이야기가 담겨 있어 안내서라기보다는 답사기라고 할 수 있다. 서정과 사진이 풍부하게 담겨 있는 그곳에 가고 싶다 시리즈 4번째 책.
대국전판 올컬러 / 208쪽 / 9,900원

사람이 있고 자연이 있는 아름다운 명산 박기성 지음
산을 좋아하는 사람들을 위한 산 안내서. 한번쯤 가보면 좋을 산을 엄선하여 그 산이 갖는 매력을 서정성 짙은 글로 풀어 놓았다. 가는 방법과 둘러 보아야 할 곳도 덤으로 설명.
대국전판 올컬러 / 176쪽 / 12,000원

마음의 고향을 찾아가는 여행 포구 김인자 지음
일상 생활에서 벗어나고 싶다면 우리 국토의 진정한 아름다움을 느끼게 해주는 포구로 가보자. 그 곳에서 사람냄새, 자연이 어우러진 역동성에 삶의 의욕을 되찾을 수 있을 것이다. 시인이자 여행가인 김인자 님이 소개하는 가볼 만한 대표적인 포구 20곳 수록. 볼거리, 먹거리와 함께 서정성 넘치는 글로 포구의 낭만, 삶의 현장을 소개.
대국전판 올컬러 / 224쪽 / 14,000원

골프 90타 깨기 김광섭 지음
90타를 깨고 싱글로 진입할 수 있게 해주는 실전 골프 테크닉서. 스트레칭, 세트 업, 드라이버 스윙, 샷, 어프로치, 퍼팅, 벙커 샷 등의 스윙 원리를 요점을 짚어 정리해 놓았으므로 골퍼 자신의 잘못된 스윙을 바로잡는 데 많은 도움이 될 것이다. 또한 연습장에서 스윙 연습을 하는 방법도 수록해 골프의 재미를 한층 더 배가시켜 즐길 수 있게 하였다.   4×6배판 변형 / 148쪽 / 11,000원

생명이 살아 숨쉬는 한국의 아름다운 강 민병준 지음
물놀이를 하는 아이들, 재첩을 잡는 사람들, 두물머리에 서 있는 연인들. 이 모습은 우리나라의 강변에서 볼 수 있는 정겨운 장면이다. 우리나라의 대표적인 강 15곳을 엄선하여 찾아가는 법, 먹거리, 잘 곳 등을 함께 수록. 또한 강과 연관 있는 인근의 볼거리를 수록하여 가족이나 연인 사이에는 추억을 만들고, 자녀와는 역사공부도 할 수 있게 내용을 아기자기 하게 꾸민 강 여행서.
대국전판 올컬러 / 168쪽 / 12,000원

틈나는 대로 세계여행 김재관 지음
다른 나라를 알고 다른 문화를 알고자 하는 노력은 결국 내 자신의 정신세계를 풍요롭게 하는 일이다. 그리고 여행이 정신세계를 풍요롭게 하는 데 좋은 도구가 될 수 있다. 이 책에는 도전과 모험을 꿈꾸는 사람이라면 한 번은 가보아야 할 세계의 오지에 대한 이야기가 실려 있다. 저자가 엄선한 28개국의 오지에 대한 감상, 교통편, 알아두면 편리한 상식 등이 수록되어 있으므로 여행지에 대한 사전

지식을 쌓는 데 많은 도움이 될 것이다.
4×6배판 변형 올컬러 / 368쪽 / 20,000원

KLPGA 최여진 프로의 센스 골프 최여진 지음
KLPGA 출신 처음으로 쓴 골프 길라잡이. 신체 조건이나 골프채의 길이 또는 무게, 스윙 등 기초에서부터 기술적인 부분까지 미세하게 다른, 그동안 필자가 골프를 하면서 여성으로서 느꼈던 애로사항과 노하우를 담아 모든 골프 마니아들에게 실질적인 도움을 주고 스코어를 줄일 수 있는 해답을 찾게 해줄 것이다.
4×6배판 변형 올컬러 / 192쪽 / 13,900원

해양스포츠 카이트보딩 김남용 편저
국내 유일의 카이트보딩 자격증 소지자가 소개하는 국내 최초의 카이트보딩 안내서. 친절한 안내와 기술 향상을 위한 지식을 담고 있어 초보자에서 마니아에 이르기까지 훌륭한 동반자가 되어줄 것이다.
신국판 올컬러 / 152쪽 / 18,000원

KTPGA 김준모 프로의 파워 골프 김준모 지음
골프의 기원과 역사를 비롯하여 골프의 기본 기술을 체계적으로 숙달할 수 있는 효과적인 연습법, 골퍼에게 필요한 기본 상식들을 모두 수록하였다. 골프를 더욱더 깊이 이해하고 골프를 즐기고 골프를 통하여 삶의 활력소를 얻을 수 있을 뿐만 아니라, 진정한 골퍼로서 거듭날 기회를 제공해줄 것이다.
4×6배판 변형 올컬러 / 192쪽 / 13,900원

골프 80타 깨기 오태훈 지음
80타를 깨고 70타로 진입하겠다는 목표를 세운 골퍼들을 대상으로 스윙의 이론적 풀이보다는 여러 가지 상황에서 위기를 모면할 수 있도록 도와주는 기술과 깨끗한 마무리, 전체적인 스코어를 낮추는 데에 중점을 둔 싱글을 위한 실전 골프 테크닉서로, 이 책만 따라하면 최고의 골퍼를 향한 목표에 도달할 수 있을 것이다.
4×6배판 변형 / 132쪽 / 10,000원

신나는 골프 세상 유응열 지음
MBC-ESPN 골프해설위원 유응열 프로가 쓴 골프의 모든 것이 담겨 있다. 아마추어에서 비기너, 싱글 수준의 골퍼에 이르기까지 이 책을 보면서 하루에 한 가지씩 배우고 익힐 수 있도록 하였다.
4×6배판 변형 올컬러 / 232쪽 / 16,000원

풍경 속을 걷는 즐거움 명상 산책 김인자 지음
우리나라의 사계절 걷기 좋은 곳 21곳 수록. 걸으면서 사색을 즐기고 싶은 사람에게 추천할 만한 책이다. 특히 느림과 침묵에 굶주려 있는 도시인들에게 두 발의 건강한 노동인 걷는 즐거움을 줄 수 있는 책이다.   대국전판 올컬러 / 224쪽 / 14,000원

교육 1번지 강남 엄마들의
수험생 자녀 관리

2006년 9월10일 제1판 1쇄 발행

지은이/황송주
펴낸이/강선희
펴낸곳/가림출판사

등록/1992. 10. 6. 제4-191호
주소/서울시 광진구 구의동 57-71 부원빌딩 4층
대표전화/458-6451　　팩스/458-6450
홈페이지/ www.galim.co.kr
전자우편/galim@galim.co.kr

값 9,500원

저자와의 협의하에 인지를 생략합니다.

불법복사는 지적재산을 훔치는 범죄행위입니다.
저작권법 제97조의 5(권리의 침해죄)에 따라 위반자는 5년 이하의 징역
또는 5천만 원 이하의 벌금에 처하거나 이를 병과할 수 있습니다.

ISBN 89-7895-246-1 13370

가림출판사 · 가림M&B · 가림Let's의 홈페이지(http://www.galim.co.kr)에 들어오시면 가림출판사 · 가림M&B · 가림Let's의 신간도서 및 출간 예정 도서를 포함한 모든 책들을 만나실 수 있습니다.
온라인 서점을 통하여 직접 도서 구입도 하실 수 있으며 가림 홈페이지 내에서 전국 대형 서점들의 사이트에 링크하시어 종합 신간 안내 및 각종 도서 정보, 책과 관련된 문화 정보를 받아보실 수 있습니다.
또한 홈페이지 방문시 회원으로 가입하시면 신간 안내 자료를 보내드립니다.